J.-B. Klautke / B. Kaiser / W. Nestvogel

dynamisch evangelisieren

Beiträge zu einer aktuellen Diskussion

Verlag für
Reformatorische Erneuerung
Wuppertal

J.-B. Klautke / B. Kaiser / W. Nestvogel
Dynamisch evangelisieren.
Beiträge zu einer aktuellen Diskussion

Herstellung: St. Johannis-Druckerei, Lahr
Satz: L. Gassmann
Erste Auflage 2001
ISBN 3-87857-307-3

Inhalt

Zur Einführung

Gottes Gegenwart in seiner Gemeinde
(Jürgen-Burkhard Klautke)

Weg vom Wort: Psychologie, Theater und Kunst – Stützen für die Predigt?

(Bernhard Kaiser)

„Lasst euch versöhnen mit Gott“ – Der Ruf zum Glauben in der Praxis
(Wolfgang Nestvogel)

Zur Einführung

Evangelisation und Gemeindebau sind heute zentrale Gesprächsthemen unter Christen. Folgerichtig gibt es eine große Anzahl von Veröffentlichungen und Tagungen über diesen wichtigen Komplex. Das vorliegende Buch will dazu einen weiterführenden Beitrag leisten. Aus tiefer Beunruhigung angesichts gegenwärtiger Entwicklungen scheuen sich die Autoren nicht, auch kritische Anfragen gegenüber aktuellen *Trends* zu stellen und zu brisanten und strittigen Punkten Stellung zu nehmen. Wo dieses geschieht, richtet es sich nicht gegen die Betroffenen *persönlich.* Vielmehr sind sie darum besorgt, dass Evangelisieren das bleibt, bzw. das wieder wird, was es gemäß der Heiligen Schrift ist: Verkündigen des Evangeliums von der Versöhnung aufgrund des Opfertodes Christi auf Golgatha.

Zunächst beantwortet *Jürgen–Burkhard Klautke* aus der Heiligen Schrift die Frage, was es eigentlich heißt, dass Gott in der Mitte seiner Gemeinde wohnen will. Angesichts heutiger Bemühungen, die Gegenwart Gottes durch menschliche Methoden verfügbar zu machen, fragt er, was diese gewaltige Verheißung für die Wortverkündigung und nicht zuletzt für das Lobsingen Gottes im Gottesdienst bedeutet.

Anschließend setzt sich *Bernhard Kaiser* mit gegenwärtigen Versuchen auseinander, in denen man die Predigt des Evangeliums durch Tanz oder Kunst zu unterstreichen sucht, sie als eine Form der Psychotherapie missbraucht oder durch die Selbstdarstellung des eigenen Lebens weitestgehend ersetzen möchte. Er deckt die geistesgeschichtlichen Hintergründe dieser Konzeptionen auf und beurteilt sie im Licht des Wortes Gottes.

Auf die Praxis des Evangelisierens geht schließlich *Wolfgang Nestvogel* ein. Er plädiert für eine Neubesinnung auf die biblisch vorgegebenen *Inhalte* der evangelistischen Verkündigung. Erst von daher könnten die umstrittenen *Methodenfragen* überzeugend geklärt werden. Die Untersuchung ruft manche vergessenen biblischen Wahrheiten in Erinnerung, ermutigt zu deren Anwendung und nimmt pointiert auch zu aktuellen evangelistischen Ansätzen Stellung.

Zum erstenmal wurden die hier geäußerten Gedanken während des Bibelbundkongresses im Mai 2000 vorgetragen. Die Veranstaltungsreihe stand unter dem Thema *Biblisch Gemeinde bauen: Management oder Dienst der Versöhnung?* Ursprünglich hatte der Bibelbund die Zusage erhalten, diese Tagung an der Giessener Freien Theologischen Akademie (FTA) durchzuführen. Dann aber wurde die Veranstaltung durch die Leitung der Akademie unerwartet ausgeladen. Im Kern ging es darum, dass die kritische Auseinandersetzung mit *evangelikalen*

Fehlentwicklungen dort in dieser Weise nicht erwünscht war. Um so dankbarer ist der Bibelbund, dass sich kurzfristig die Gemeinde *Tebis* in Bietigheim-Bissingen bereit erklärte, den Kongress in ihren Räumen zu veranstalten. Die Kontroverse um den Evangelisationskongress war Teil einer konzeptionellen Auseinandersetzung über die Grundfrage: Was muss eine zukunftsfähige bibeltreue Ausbildung heute leisten. Inzwischen sind die drei Autoren aus ihren unterschiedlichen Verpflichtungen an der FTA ausgeschieden. Dank vielfältiger Unterstützung von Christen konnten sie bereits im Herbst 2000 die Akademie für Reformatorische Theologie (ART) in Marburg gründen.[1]

Ein herzlicher Dank gebührt an dieser Stelle dem 2. Vorsitzenden des Bibelbundes, Herrn Missionsdirektor Herbert Becker von der Neukirchener Mission. Nicht zuletzt seinem Engagement ist es zu verdanken, dass der geplante Kongress doch noch stattfinden konnte. Darüber hinaus setzte er sich dafür ein, diese Vorträge im *Verlag für Reformatorische Erneuerung,* Wuppertal, zu veröffentlichen, damit sie auf diese Weise einem breiteren Leserkreis dienen können. Mögen viele dadurch zu treuem evangelistischen Einsatz ermutigt werden!

Dr. Jürgen-Burkhard Klautke *Pfingsten 2001*

---

1) Beachten Sie dazu bitte die Anzeige am Ende des Buches.

Gottes Gegenwart in seiner Gemeinde

(*von Jürgen-Burkhard Klautke*)

1. Die Aktualität des Themas

Wenn man sich die Songs und Folienlieder, die in evangelikalen Gemeinden heutzutage gesungen werden, unter der Fragestellung anschaut, was eigentlich die Kernaussagen dieser Lieder sind, worum es da eigentlich geht, dann lautet eine Antwort: In ihnen wird genau der Punkt verhältnismäßig häufig angesprochen, der Thema dieses Artikels ist: Jesus ist gegenwärtig! Gott ist in unserer Mitte! Unbestritten gibt es auch Liedgut aus früheren Epochen, in denen diese Thematik angeschlagen wurde. Man denke an das Lied Gerhard Tersteegens: „Gott ist gegenwärtig. Lasset uns anbeten und in Ehrfurcht vor ihn treten. Gott ist in der Mitten…“. Aber in neuerem Liedgut begegnet diese Aussage auffallend häufig.

Zum Beispiel heißt es einmal: „Komm in unsre Mitte, o Herr ...“. In einem anderen heute gern gesungenen Lied heißt es im Refrain: „Gut, dass wir nicht uns nur haben, dass der Kreis sich niemals schließt, und dass Gott, von dem wir reden, hier in unserer Mitte ist.“ Die Botschaft lautet also: Wir haben uns, aber wir haben nicht nur uns, sondern darüber hinaus auch Gott.

Wenn es zutrifft, dass das Liedgut einer Epoche Spiegel der Fragen der jeweiligen Zeit ist, dann erscheint heute das Gegenwärtigsein Gottes in seiner Gemeinde ein zentrales Thema und damit vermutlich auch ein Problem zu sein. Fragen wir zunächst, wo die Heilige Schrift bei dieser Thematik die Akzente setzt.

2. Gottes Gegenwart in seiner Gemeinde: Was sagt die Heilige Schrift?

Die Aussagen der Heiligen Schrift, in denen zum Ausdruck gebracht wird, dass Christus in der Mitte seiner Gemeinde, dass Gott in der Mitte seines Volkes wohnt, lassen sich grob in drei Felder gliedern.

2.1. Gott in der Mitte seines Volkes

1. Zum einen ist es eine *Verheißung* für die Zukunft. In Offb. 21,3 heißt es: „Siehe da, die Hütte Gottes bei den Menschen. Er, Christus, wird *in ihrer Mitte wohnen*, und sie werden sein Volk sein, und Gott selbst wird bei ihnen sein, ihr Gott." Gemäß dieser auf die Vollendung gerichteten Zusage ist das Ziel des Heilsweges Gottes, dass es wieder so werden wird, wie es am Anfang, also vor dem Sündenfall war, ja im Grunde noch schöner, noch herrlicher.

Genauso wie damals Gott unter den Menschen weilte, wird der dreieinige Gott wieder Wohnung bei seinen Menschen nehmen.

2. Wenn die Aussage, dass Gott bzw. Christus in der Gemeinde gegenwärtig ist, im Blick auf die Jetztzeit vorkommt, dann erscheint diese Zusage als eine Folge *des Erniedrigungsweges des Sohnes Gottes.* Eine aufschlussreiche Bibelstelle dazu ist Hebr. 2,12. Der Sohn Gottes spricht: „Ich will deinen Namen verkündigen meinen Brüdern, *in der Mitte der Gemeinde* will ich dir lobsingen." Der Schreiber des Hebräerbriefes zitiert hier aus dem bekannten Leidenspsalm Christi: Psalm 22,23. Der Zusammenhang, in dem dieser Vers im Hebräerbrief zitiert wird, bringt ebenfalls zum Ausdruck, dass das Verkündigen des Namens Gottes und das Lobsingen in der Gemeinde Frucht des Todesleidens Christi ist: Nur weil Christus, wie es kurz vorher heißt, für alle den Tod geschmeckt hat (Hebr. 2,9) und nur weil er, wie es kurz darauf heißt, in gleicher Weise wie wir an Fleisch und Blut teilhaftig geworden ist und durch den Tod den Machthaber des Todes, den Teufel, zunichte gemacht hat (Hebr. 2,14), hält er es überhaupt in der Mitte seiner Gemeinde aus. Weil Christus durch sein Blut einen teuren Preis für uns bezahlt hat, dürfen wir jetzt vor das Angesicht Gottes treten, ohne dass wir vernichtet werden. Deswegen steigt dem Sohn Gottes nicht die Schamröte ins Gesicht, wenn er uns als Hoherpriester beim Vater vertritt und uns Brüder nennt (Hebr. 2,11).

Zwischen Pfingsten und der Wiederkunft Christi ist es der Heilige Geist, der in gewissem Sinn diesen Erniedrigungsweg des Sohnes Gottes fortsetzt und beständig in seiner Gemeinde wohnt (Joh. 14,17). Aus diesem Grund beten wir in der Jetztzeit nicht zum Heiligen Geist, obwohl auch er Gott ist, sondern zum Vater bzw. zu dem erhöhten Christus. So sagt es ja auch der Herr: „Wenn zwei von euch auf der Erde übereinkommen werden über irgend eine Sache, um welche sie auch bitten mögen, so wird sie ihnen werden von meinem Vater, der in den Himmeln ist". Denn bereits dort, wo zwei oder drei im Namen Jesu versammelt sind, ist Christus durch den Heiligen Geist unter ihnen (Mt. 18,19–20).

3. Schließlich begegnet die Aussage, dass Gott in seinem Volk gegenwärtig ist, wenn sie sich auf den Zeitraum zwischen dem Sündenfall und der Wiederkunft Christi bezieht, häufig im Zusammenhang mit der Heiligkeit Gottes. In diesem Fall schließt die Aussage die Aufforderung ein, bevor man vor das Angesicht Gottes tritt, sich zu reinigen und sich heiligen zu lassen. Dazu drei Stellen aus dem Wort Gottes:

„Ihr sollt nicht anderen Göttern nachgehen, von den Göttern der Völker, die um euch her sind. Denn ein eifernder Gott ist der Herr (Jahwe) *in deiner Mitte*, damit nicht der Zorn des Herrn, deines Gottes, wider dich entbrenne und er dich vertilge vom Erdboden hinweg" (5Mos. 6,14–15).

Im Neuen Bund richtet der Apostel Paulus folgende Fragen an die Gemeinde: „Was hat Gerechtigkeit mit Gesetzlosigkeit zu schaffen? Welche Gemeinschaft hat Licht mit Finsternis? Welche Übereinstimmung hat Christus mit Belial? Oder was für ein Teil hat ein Gläubiger mit einem Ungläubigen? Und was hat der Tempel des lebendigen Gottes mit Götzenbildern gemeinsam? Denn ihr seid der Tempel des lebendigen Gottes, wie Gott gesagt hat: Ich will *in ihrer Mitte* wohnen und wandeln, und ich werde ihr Gott sein, und sie werden mein Volk sein. Darum ‚geht aus von Ihnen und sondert euch ab', spricht der Herr, ‚und rühret Unreines nicht an, dann werde ich euch annehmen und werde euer Vater sein, und ihr sollt meine Söhne und Töchter sein', spricht der allmächtige Herr. Da wir nun diese Verheißung haben, Geliebte, so lasst uns uns selbst reinigen von jeder Befleckung des Fleisches und des Geistes, indem wir die Heiligkeit vollenden in der Furcht Gottes" (2Kor. 6,14 – 7,1). Unzweifelhaft will der Apostel diese Fragen rhetorisch verstanden wissen, so dass die Antwort lautet: Es besteht keine Gemeinschaft, keine Übereinstimmung zwischen Licht und Finsternis.

Die Heiligkeit Gottes ist der Grund dafür, dass er Mose befahl, ein Heiligtum zu erstellen, das nicht für jedermann und nicht ohne weiteres zugänglich ist: „Und ich werde die Stiftshütte und den Altar heiligen. Und Aaron und seine Söhne werde ich heiligen, dass sie mir den Priesterdienst ausüben. Und

[so] werde ich *in der Mitte* der Kinder Israel wohnen und werde ihr Gott sein, dass sie erkennen sollen, ich bin der Herr, ihr Gott, der sie aus Ägypten geführt hat, damit ich unter ihnen wohne; ich bin Jahwe, ihr Gott" (2Mos. 29,44–46).

2.2. Was heißt, vor das Angesicht Gottes treten?

Auch im Neuen Bund hat die Gemeinde keineswegs ohne weiteres Zutritt zu Gott dem Vater, sondern den Zugang hat sie allein durch das Opfer Christi (Hebr. 10,19ff). Dass der Herr in der Mitte seiner Gemeinde Wohnung nehmen will, ruft die Christen also nicht dazu auf, seine Nähe zu „erfühlen", zu „erspüren" oder gar zu „konsumieren". Vielmehr werden sie dazu aufgefordert, „mit wahrhaftigem Herzen, in voller Gewissheit des Glaubens, die Herzen gereinigt vom bösen Gewissen ..." (Hebr. 10,22) vor das Angesicht Gottes zu treten.

Darum sind Behauptungen nicht richtig, man könne „spontan", „locker" oder „entspannt" vor Gott treten; Gott nehme dich an, so wie du bist, denn Gott gehe in das Unheilige ein; er verbinde sich mit Unheiligem. Derartiges liest man nirgendwo in der Heiligen Schrift! Im Gegensatz dazu steht zum Beispiel die Religion der Griechen. Gemäß den griechischen Mythen verbanden sich die olympischen Götter mit der Sünde, so dass bei ihnen Intrigen, Ehebruch, Verleumdungen an der Tagesordnung waren. Sowohl das Alte als auch das Neue Testament bezeugen jedoch einen anderen Gott, einen Gott, der mit Unheiligem keine Verbindung eingeht.

Der Apostel Paulus schildert einmal, wie es konkret aussieht, bzw. aussehen soll, wenn ein Ungläubiger den Gottesdienst besucht: Das Verborgene seines Herzens wird offenbar, er fällt auf sein Angesicht (also nicht auf den Rücken, wie oft in charismatischen Veranstaltungen), und er wird bezeugen, dass Gott „wahrhaftig" (oder: „wirklich") in der Mitte der Gemeinde ist (1Kor. 14,25).

2.3. Der unendlich große Gott

Auch wenn in diesem Artikel darüber nachgedacht wird, was es heißt, dass Gott in der Mitte seiner Gemeinde gegenwärtig ist, ist es sinnvoll, auch andere Aussagen zur Kenntnis zu nehmen, die uns nicht so sehr seine Nähe, sondern den gewaltigen Abstand Gottes zum Menschen vor Augen führen. Der Apostel Paulus erinnert daran, dass Gott in einem unzugänglichen Licht wohnt und keiner der Menschen ihn je gesehen hat, noch sehen kann (1Tim. 6,16). Im Buch Prediger heißt es: „Bewahre deinen Fuß, wenn du zum Haus Gottes gehst und komm, dass du hörst ... Sei nicht vorschnell mit deinem Mund und dein Herz eile nicht, etwas vor Gott zu reden, denn Gott ist im Himmel und du auf Erden" (Pred. 5,1–2). Der Prophet Jesaja, der Gott in einer für ihn erschreckenden Vision im Tempel schaute (Jes. 6,1–7), weist an anderer Stelle darauf hin, dass angesichts der Größe und der Weisheit Gottes ganze Völker wie ein Tropfen am Eimer und wie ein Sandkorn auf der Waagschale geachtet sind (Jes. 40,14–15), dass der allmächtige Gott über dem Kreis der Erde thront, und ihre Bewohner wie Heuschrecken sind; dass er die Fürsten zu nichts macht und die Richter der Erde in Nichtigkeit verwandelt (Jes. 40,22–24).

Man denke ferner an das Buch Hiob: Nachdem sich in mehr als 30 Kapiteln Menschen darüber die Köpfe heiß geredet haben, warum der Gerechte leiden muss, spricht endlich Gott (ab Kapitel 38). Aber anstatt irgendetwas zu erklären, stellt der allmächtige Gott dem Hiob nur Fragen: „Wo warst du, als ich die Erde gründete? ... Wer hat ihre Maße bestimmt, wenn du es weißt? ... Wer hat über sie die Messschnur gezogen?“ Zwischendurch bekennt Hiob, was das für ihn bedeutete, als Gott ihm aus dem Sturm diese Fragen stellte: „Siehe zu gering bin ich, was soll ich dir erwidern? Ich lege meine Hand auf meinen Mund. Einmal habe ich geredet, ich will es nicht noch einmal tun!“ (Hiob 39,34–35). Aber Gott, der Herr, hört keineswegs auf, Hiob Fragen zu stellen: „Willst du gar mein Recht zunichte machen? Oder hast du einen Arm wie Gott? ...“ Gott stellt Hiob so lange Fragen, bis dieser schließlich vor ihm vollkommen kapituliert, zusammenbricht und ausruft: „Ich weiß, dass du alles vermagst, und kein Vorhaben dir verwehrt werden kann ... So habe ich denn beurteilt, was ich nicht verstand, Dinge zu wunderbar für mich, die ich nicht kannte. Ich will dich fragen, und du belehre mich: Bis jetzt hatte ich dich nur vom Hörensagen vernommen. Nun aber hat mein Auge dich geschaut. Darum verabscheue ich mich in Staub und Asche“ (Hiob 42,2–6). Während dieser Fragen, die Gott dem Hiob stellte, trat Hiob das vor Augen, was auch uns immer wieder im Bewusstsein stehen muss: Es gibt einen gewaltigen Unterschied zwischen dem Töpfer und dem Ton. Niemals befinden wir uns mit Gott auf gleicher Augenhöhe! Als der Apostel Johannes, der sich während des Erdenlebens Jesu in nächster Nähe seines Heilands aufhielt, auf der Insel Patmos den erhöhten Herrn sah, fiel er vor ihm auf die Füße wie tot (Offb. 1,17).

Kurzum: Im Licht der Heiligen Schrift ist es völlig unmöglich, die gewaltige Aussage, dass Gott in der Mitte seiner Gemeinde gegenwärtig ist, allzu flott, salopp oder leichtfertig zu verwenden, so als sei dieses das Selbstverständlichste von der Welt. Geradezu vermessen aber ist es, wenn der Mensch sich einbildet, er könne die Gegenwart Gottes herbeizwingen.

3. Der Versuch des Menschen, über Gottes Gegenwart zu verfügen

3.1. Das goldene Kalb am Sinai

Genau dieses war die Wahnvorstellung Aarons: Das Volk begehrte einen sinnenfällig wahrnehmbaren Gott, so dass Aaron ein goldenes Kalb (vermutlich eine Art goldenen Stier) herstellte. Entsprechende Stierbilder waren den Israeliten aus Ägypten bekannt (Apiskult). Bei seinem Tun hatte Aaron erklärtermaßen nicht die Absicht, einen anderen Gott als Jahwe zu verehren. Er wollte lediglich eine tastbare, griffige, mit den Sinnen wahrnehmbare Manifestation des Gottes verfertigen, der sie „aus Ägypten geführt hatte" und der von nun an in einer sinnenfälligen Weise „vor dem Volk hergeht" (2Mos. 32,1.4). Dazu rief Aaron zu einem Fest auf. Heute würde man wohl von einem *religiösen happening* sprechen: „Und als Aaron dieses Stierbild erblickte, baute er vor ihm einen Altar und ließ proklamieren: Ein Fest dem Herrn (Jahwe) ist morgen" (2Mos. 32,5).

Beachten wir: Diese Veranstaltung war in Aarons Augen ein Fest für Gott, den Herrn (Jahwe). Aaron wollte mit dem Erstellen des Götzenbildes nicht einen anderen Gott, also etwa einen ägyptischen Götzen, verehren lassen. *Er wollte lediglich den Jahwe-Gottesdienst den vermeintlichen Bedürfnissen seiner Zeitgenossen anpassen.* Das Volk sollte den Gott, der sie aus Ägypten geführt hatte, in einem Stil verehren, der ihm aus der ägyptischen Kultur, aus der es gerade gekommen war, vertraut war. Heute würde man sagen: Aaron wollte den Jahwe-Gottesdienst kontextualisieren. Hätte man Aaron den Vorwurf gemacht, er habe hier ein Götzenbild errichten lassen, hätte er sicher energisch widersprochen und darauf bestanden, dass dieses goldene Stierbild eine an den Verstehenshorizont seiner Zeitgenossen angepasste „Inkulturierung" Jahwes sei. Vielleicht hätte er hinzugefügt, dieses sei pastoraltheologisch schon deswegen notwendig, weil man die Leute ja „abholen" müsse.

Die Heilige Schrift vermeldet, dass das Unternehmen ein unerhörter Erfolg war. Es kam bei den Leuten vortrefflich an. Das Volk erbrachte einen bemerkenswerten persönlichen Einsatz. Es ließ sich das anberaumte Fest viel kosten, und zwar nicht nur Gold (2Mos. 32,2), sondern ausdrücklich heißt es: „Die Leute standen am folgenden Tag früh auf (!), und sie opferten Brandopfer und brachten Friedensopfer dar." (2Mos. 32,5) Es wurden also durchaus Teile des herkömmlichen Jahwe-Gottesdienstes, so wie er von den Erzvätern her überkommen war, in dieses Fest integriert. Aber obgleich man entsprechende Opfer darbrachte, lief die Tendenz dieses Festes in eine andere Richtung: „Das Volk setzte sich nieder, um zu essen und zu trinken, und sie standen auf, um sich zu belustigen" (2Mos. 32,6). Damit war der Zweck dieser Veranstaltung angezeigt: Die Leute sollten in eine heitere, lockere Stimmung versetzt werden.

Ein weiteres Argument dafür, dieses *happening* durchzuführen, ergab sich daraus, dass sich die Sache mit der Wiederkunft schon so lange hinausgezögert hatte. Mose hatte versprochen, aus der Gegenwart Gottes wieder zurückzukehren. Nun aber weilte er schon so lange dort oben auf dem Berg. Möglicherweise, so geisterte der Gedanke durch das Lager, komme er gar nicht mehr zurück (2Mos. 32,1). Durch ein stimmungsvolles Fest könnte man, so mögen sich die Veranstalter dieses Festivals gedacht haben, derartige lähmende Gedanken in den Hintergrund drängen und etwas Schwung in den Laden (sprich: Gemeinde) bringen. Kaum etwas anderes schien dazu besser geeignet zu sein, als tastbare, sinnenfällige Religiosität kombiniert mit einer Spiritualität, in der *action* ist. Folglich durften Tanzaufführungen und entsprechende Inszenierungen nicht fehlen (2Mos. 32,18–19).

Noch einmal: Man redete sich und anderen ein, dass diese Veranstaltung ein Gottesdienst für Jahwe sei. Falls bei dem einen oder anderen aus dem Volk Gottes irgendwelche Zweifel an der Statthaftigkeit eines derartigen Festes aufkamen, konnte man ihn schnell damit beruhigen, dass ja Aaron, also der Hohepriester Jahwes, die Veranstaltung leitete. Außerdem verkündigte man im Blick auf das Stierbild überall lautstark, wo man es nur hören wollte: „Das ist dein Gott, Israel, der dich aus dem Land Ägypten heraufgeführt hat!“ (2Mos. 32,4). Wer wollte da noch kritische Anfragen stellen ...

Aber was auch immer Menschen sich selbst oder auch anderen vormachten, Gott ließ sich nichts vorgaukeln. Er durchschaute den frommen Zauber, bei dem Menschen ihn in ihre Mitte hineinmanipulieren wollten. Gott beurteilte dieses ganze Unternehmen als „ein Abweichen von dem Wege, den ich ihnen geboten habe“ (2Mos. 32,8). Der Versuch, Gott sinnenfällig wahrzunehmen, war eine „große Sünde“ (2Mos. 32,21). Das Volk Gottes hatte sich dadurch „verderbt“ (oder: „schändlich gemacht“, 2Mos. 32,7). Es war Ausdruck ihrer Zucht- und Zügellosigkeit. Übrigens zeigte sich ihre Umgebung keineswegs durch derartige Aktionen beeindruckt, sondern die Aktion mit der damit verbundenen Enthemmung erntete nur Spott (2Mos. 32,25).

Der Apostel Paulus, der diese Begebenheit als warnendes Beispiel für das neutestamentliche Volk Gottes anführt, nennt das, was hier vorgefallen ist, unumwunden „Götzendienst“: „Werdet auch nicht Götzendiener, gleichwie etliche von ihnen, wie geschrieben steht: ‘Das Volk setzte sich nieder, zu essen und zu trinken, und sie standen auf, zu spielen‘“ (1Kor. 10,7).

3.2. Jerobeam

Auch später meinten Menschen, Gott ihren Wünschen anzupassen, ihn in ihre Mitte hineinzwängen zu können. Eines der verhängnisvollsten Beispiele in dieser Richtung berichtet das Wort Gottes über König Jerobeam I..

Nachdem das Volk Gottes durch den Einfluss der Frauen Salomos in den Götzendienst gefallen war (1Kön. 11,4.33), erweckte Gott dem Salomo Widersacher, unter anderem Jerobeam, von dem es heißt, dass er ein „tatkräftiger" Mann war (1Kön. 11,28). Heute würde man sagen, er hatte Managerqualitäten. Nach der Teilung des Reiches in ein Süd- und in ein Nordreich wird dieser Mann König des Nordreiches (1Kön. 12,1–20).

Da Jerusalem als der von Gott verordnete Ort, an dem er verehrt werden wollte (5Mos. 12), im Südreich lag, beschloss Jerobeam, eine neue Gottesdienstform einzuführen, um auf diese Weise das Volk bei der Stange zu halten (1Kön. 12,26–27). Dazu stellte er zwei goldene Kälber auf, das eine in Dan, also im Norden seines Herrschaftsgebietes, das andere in Bethel, das heißt an der Südgrenze seines Landes auf dem Weg nach Jerusalem. Genau wie einst Aaron wies auch Jerobeam es weit von sich, einen neuen Glauben einzuführen. Ausdrücklich knüpfte er an den traditionellen Gottesdienst an: „Siehe da, Israel, deine Götter, die dich aus dem Land Ägypten herausgeführt haben" (1Kön. 12,28–29)! Auch Jerobeam gab vor, mit diesem Kult den Gott zu ehren, der das Volk aus Ägypten geführt hatte: Niemand hat die Absicht, von Jahwe abzufallen ...

Pragmatisch betrachtet brachte diese neue Gottesdienstform sogar eine Reihe von Vorteilen. Der König gab vor, es dem Volk durch diesen Gottesdienst *bequemer* zu machen: „Es ist zu viel für euch, nach Jerusalem hinaufzuziehen" (1Kön. 12,28). Außer den beiden Heiligtümern in Dan und Bethel errichtete er noch zahlreiche Höhen. Auch dadurch konnten die gottesdienstlichen Praktiken in nächster Nähe erfolgen. Da die levitischen Priester in das Südreich abgewandert waren (2Chr. 11,13–14), setzte er Priester aus allen möglichen Stämmen ein (1Kön. 12,31; 2Chr. 13,9). Auf diese Weise konnte die Botschaft vermittelt werden, Religion sei nicht etwas Abgehobenes, sondern zeige *Nähe zum Mann auf der Straße*. Außerdem wurde ein neuer religiöser Kalender eingeführt, der die Anordnungen Gottes karikierte: Anstatt das Laubhüttenfest am 15. Tage des 7. Monats zu feiern, wie Gott es vorgeschrieben hatte (3Mos. 23,34), setzte Jerobeam durch, das Hauptfest am 15. Tag des 8. Monats durchzuführen (1Kön. 12,32). Eine solche Änderung ließ sich vortrefflich als Ausdruck von *Nicht-Gesetzlichsein* oder von *Freiheit* verkaufen.

Es soll hier nicht auf die weiteren Ereignisse, etwa auf die Vorfälle bei der offiziellen Einführung dieser

Gottesdienstform eingegangen werden (siehe dazu: 1Kön. 13,1ff). So viel aber ist klar: Die von Gott angeordnete Gottesdienstweise mit ihren Opfern schattete das Versöhnungsopfer Christi voraus, so dass von daher Gott in ihnen gegenwärtig war. Dagegen waren die in Dan und Bethel veranstalteten religiösen Riten nichts anderes als ein religiöser Köder im Kalkül um Macht und Einfluss des Königs Jerobeam.

Das Urteil Gottes über diese sinnenfällige Gottesdienstform lautete: Es wurde dem Volk „zur Sünde" (1Kön. 12,30). Das Handeln Jerobeams I. hatte auf die folgenden Generationen katastrophale Auswirkungen. Durch die gesamte Königszeit, bis zum Untergang des Nordreiches, galt dieses Handeln als Synonym für Abfall von dem wahren Gott (1Kön. 14,9–10; 16,26.31; 22,53; 2Kön. 13,2; 14,24 u.ö.).

3.3. Die Gerichtsbotschaft von Amos und Hosea

Mehr noch: Durch diesen Gottesdienst war ein Eingangstor zu den verabscheuungswürdigsten götzendienerischen Praktiken geöffnet. Dieses wird deutlich am Urteil der beiden Propheten Amos und Hosea, die kurz vor dem Untergang des Nordreiches das Volk noch einmal zur Umkehr aufzurufen suchten. Als *Amos* während der Herrschaftszeit Jerobeams II. (ungefähr 200 Jahre nach Jerobeam I.) auftrat, verkündete er angesichts dieses scheinfrommen, falschen Gottesdienstes Gericht (Amos

4,4; 5,5–6): Die Altäre in Bethel, also dort, wo Jerobeam I. ein goldenes Kalb aufgestellt hatte, werden zerstört (Amos 3,14) und die Höhen vernichtet (Amos 7,9). Nachdrücklich kritisierte Amos die veranstalteten religiösen Feste mit ihren verlogenen Opfern und dem „Lärm ihrer Lieder und dem Spiel der Saiteninstrumente“ (Amos 5,21–25; 8,10ff). Bezeichnenderweise vermochte der in Bethel diensttuende Priester das Auftreten des Propheten Amos nur noch als Ausdruck eines überzogenen prophetischen Sendungsbewusstseins wahrzunehmen, als Miesmacherei, Verschwörung und Aufruhr (Amos 7,10–13). Doch der Knecht Gottes ließ sich von solchen Verunglimpfungen nicht verunsichern, sondern verkündete weiterhin unerschrocken die Wahrheit (Amos 7,14–17).

Nur wenige Jahre danach trat der Prophet *Hosea* im Nordreich auf. Auch er sprach von dem falschen Gottesdienst in Bethel. Auch er verkündete die Vernichtung des goldenen Kalbes (Hos. 10,5ff), und auch er verwarf das „Vervielfältigen der Altäre“ (Hos. 10,1ff) und das Verehren Gottes auf den Höhen (Hos. 4,13). Tatsächlich galt der Kultus in Bethel noch immer nominell als eine Veranstaltung zu Ehren Jahwes. Man brachte ihm Opfer dar (Hos. 8,13) und schwor bei ihm (Hos. 4,15). Aber eines konnte nun nicht mehr unausgesprochen bleiben: Der Prophet Hosea bezeichnete die Kälber nicht nur ausdrücklich als Menschenmachwerk (Hos. 8,5–6), sondern als Götzenbilder (Hos. 13,2). Ihnen zu opfern war Baalsdienst (Hos. 11,2). Die vorgeblichen

Jahwe-Kultstätten auf den Höhen fungierten in Wahrheit als religiöse Fruchtbarkeitsfeten, in denen Sexualorgien üblich waren (Hos. 4,13–14). Hosea weissagte, dass Gott mit diesen selbstgemachten Festen ein Ende machen werde (Hos. 2,13; 4,12–14; 9,1.5).

Weil die Erkenntnis Gottes vertilgt war (Hos. 4,1.6), ja weil das Volk seinen Gott schlicht vergessen hatte (Hos. 13,6), war auch die Wahrheit und die Liebe aus dem Lande verschwunden. Die Gebote Gottes galten schon lange nichts mehr (Hos. 4,1–2). Die Frömmigkeit des Volkes war flüchtig geworden. Hosea verglich sie mit einer Morgenwolke, mit Tau, Spreu und mit Rauch (Hos. 13,3), also mit etwas, das schnell verschwindet. Wen wundert es: Jahwe und Baal schienen für die Menschen austauschbar geworden zu sein (Hos. 2,18–19).

Ausdrücklich sei hier darauf hingewiesen: Es gab im Volk Israel auch die Form des Götzendienstes, bei der ungeniert direkt Baal und Astarte verehrt wurden. Derartiges wurde im Nordreich von Ahab eingeführt (1Kön. 16,32–33) und dann später von Jehu ausgerottet (2Kön. 10,18–31). Dieses war eindeutig Übertretung des ersten Gebotes. Aber das, was Jerobeam I. tat, und gegen das Amos und Hosea Gericht predigten, war nicht im eigentlichen Sinn eine Übertretung des ersten Gebotes, sondern eine Übertretung des zweiten Gebotes, des Bilderverbotes. Wie gesagt: Die Absicht Jerobeams I. war nicht, dass ein *anderer* Gott als Jahwe verehrt wurde, sondern er wollte diesen Gott lediglich nach seinem Gutdünken, *nach seinen Interessen und Bedürfnissen* verehren. Jerobeam I. suchte die Verehrung Gottes für die Menschen angenehmer zu machen. Merkmal dieser baalisierenden Gottesdienstform war die Ausrichtung auf die Sinnenfälligkeit. In ihr herrschte eine erotisch-aufgeheizte Atmosphäre und nicht zuletzt ekstatisches Geschrei. (Jahre später wies Jeremia darauf hin, dass „Lärm wie an einem Festtag" im Heiligtum Gottes ein Indiz dafür ist, dass Gott dort gerade nicht gegenwärtig ist, sondern dass das Haus Gottes vom Feind eingenommen worden ist (Klgl. 2,7; vgl. Ps. 74,4).

Amos musste folgendes furchtbare Wort im Namen Gottes verkünden: „Siehe, es kommt die Zeit, dass ich einen Hunger ins Land schicken werde, nicht einen Hunger nach Brot oder Durst nach Wasser, sondern nach dem Wort des Herrn, es zu hören, dass sie hin und her ... laufen werden und das Wort des Herrn suchen und doch nicht finden werden. In dieser Zeit werden die schönen Mädchen und jungen Männer vor Durst verschmachten, die jetzt schwören bei dem Abgott Samarias und sprechen: ‚So wahr dein Gott lebt, Dan!' und ‚so wahr der Weg nach Beerscheba lebt!' und sie werden so fallen, dass sie nicht wieder aufstehen können" (Amos 8,11–14).

Haben wir recht gelesen? Amos spricht von jungen Leuten, die Hunger und Durst nach dem Wort Gottes haben. Da sie aber zu sinnenfälligen Gottesdienstpraktiken („wie in Dan und auf dem Weg nach Beerscheba“ [das meint: in Bethel]) verführt worden sind, sind sie nicht in der Lage, das Wort Gottes zu vernehmen. Jerobeam I. und seine (kirchen)politischen Religionsmanager mögen subjektiv die edelsten Motive für die Einführung ihrer alternativen Gottesdienstform gehabt haben: Sie wollten die Leute bei der Stange halten und wohl auch „abholen“. Dieses erschreckende Gerichtswort des Propheten Amos kann deutlich machen, dass es „Abholweisen“ gibt, die kontraproduktiv sind, weil gerade die dort herrschende megalaute Musik (Amos 5,23; 8,10) und die erotisch-aufgeladene Atmosphäre (Hos. 4,7) die jungen Leute alles andere vernehmen lassen, nur nicht das Wort Gottes.

3.4. Das zweite Gebot

In dieselbe Richtung weist das Bilderverbot (2Mos. 20,5–6). In diesem Gebot weist Gott darauf hin, dass er ein eifernder Gott ist, der die Ungerechtigkeit der Väter heimsucht an den Kindern, am dritten und am vierten Geschlecht. Gelegentlich wird dieser Vers so ausgelegt, als wolle hier zum Ausdruck gebracht werden, dass okkulte Belastungen sich durch Generationen fortpflanzen. Lassen wir dahingestellt, ob das so der Fall ist. Für unser Thema ist wichtig festzustellen, dass es an dieser Stelle nicht um eine Vererbung okkulter Belastungen geht. Vielmehr will Gott auf folgendes aufmerksam machen: Wenn einmal in einer Kultur eine sinnenfällige Form des Gottesdienstes eingebrochen ist (im konkreten Fall geht es um Bilderdienst), ist dieser Abfall nicht ohne weiteres aus einem Volk herauszubekommen. Derartiges hält sich durch Generationen hindurch. Denn die Art und Weise, wie Gott verehrt wird, wie ein Gottesdienst gefeiert wird, hat immer etwas mit Tradition zu tun. Die Menschen werden dadurch von Kindheit an stark geprägt. Das heißt praktisch: Selbst dann, wenn in einem Gottesdienst von der Kanzel das Wort der Wahrheit bibeltreu gepredigt wird, aber im sogenannten „Rahmenprogramm" ein Gott vermittelt wird, den man meint „erspüren" zu können (durch eine wie auch immer geschaffene Atmosphäre), wird nicht selten die Wortverkündigung durch das Drumherum erschlagen, so dass die Teilnehmer davon mehr geprägt werden als von der Wortverkündigung.

Man kann heute diese Linie bis hinein in Bibelschulen und theologische Ausbildungsstätten ziehen: Selbst wenn an diesen Stätten jede historisch-kritische Schriftkritik abgelehnt wird und in schriftgemäßer Weise biblische Lehre und Ethik vermittelt werden, aber in den plenaren Veranstaltungen, zum Beispiel in den Andachtszeiten, durch Musik, Schlagzeug, Sketche eine Atmosphäre produziert wird, in der der Mensch auf das Sinnenfällige gelenkt wird, hat die dann auch vermittelte biblische Lehre für die Hörer nur noch virtuellen Charakter. Faktisch wird das Wort Gottes weggedrängt. Angesichts der Christen im 20. Jahrhundert sagte Georges Bernanos einmal: „Man verliert nicht den Glauben; er hört auf, dem Leben Form zu geben, das ist alles." Entsprechend könnte man im Blick auf die Gegenwart formulieren: Man verliert nicht seine „Bibeltreue". Sie hört auf, dem Denken und Leben Form zu geben, das ist alles.

Damit stellt sich die Frage, was es für die Wortverkündigung und für das Singen im Gottesdienst bedeutet, dass Gott in der Mitte seines Volkes, der Gemeinde Wohnung nehmen will.

4. Gott wird in der Gemeinde durch sein Wort wahrgenommen

Nachdem Mose das von Aaron errichtete goldene Kalb zerstört und dem Volk daraus ein giftiges Breigetränk gemischt hatte und die Leviten das Gericht Gottes am Volk ausgeführt hatten (2Mos. 32,20.28), erklärte Gott dem Mose: „Ich werde fortan nicht mehr in der Mitte dieses Volkes mitziehen. Stattdessen soll ein Engel mitziehen (2Mos. 33,2–3)". Gott erteilte damit seinem Volk die Lektion: „Du, der du mich tastend erfühlen und sinnenfällig wahrnehmen wolltest, dir entziehe ich mich: „Denn [vergiss nicht, mit wem du es zu tun hast !] zöge ich nur einen Augenblick in deiner Mitte hinauf, so würde ich dich vernichten" (2Mos. 33,5)!

Daraufhin nimmt Mose das Zelt der Begegnung aus der Mitte des Lagers (dieses war noch nicht die Stiftshütte) und stellt es außerhalb des Lagers auf. Dieses tat er mit der erklärten Absicht, dass das Volk Gottes durch keine weitere Plage getroffen werde. Dort, außerhalb des Lagers, erschien Gott dem Mose, der darum flehte und rang, dass Gott trotz allem in der Mitte seines Volkes weiter mitziehen möge (siehe dazu insgesamt 2Mos. 32,30 – 34,35).

Wir wollen auf diesen Gebetskampf des Mose um das Volk Gottes nicht im einzelnen eingehen. Nur auf einen Aspekt sei hingewiesen: Wenn Mose aus der Gegenwart Gottes zum Volk zurückkehrte, legte er eine Decke vor sein Angesicht, damit das Volk nicht sehen möge, dass der Glanz allmählich abnahm, ja verschwand, das heißt, dass die Herrlichkeit im Alten Bund zeitlich befristet war (2Mos. 34,32–35).

Anhand dieses Ereignisses veranschaulicht der Apostel Paulus in 2Kor. 3,12ff den Unterschied zwischen dem Alten und dem Neuen Bund. Im Vergleich zum Alten Bund ist das Besondere des Neuen Bundes, dass die Herrlichkeit Gottes in der Gemeinde bleibt. Eine Antwort auf die Frage, wie die Herrlichkeit Gottes in der Mitte seiner Gemeinde bleibt, also wie Gott in seiner Gemeinde gegenwärtig ist, gibt der Apostel im folgenden mit dem Hinweis auf das Evangelium der Herrlichkeit des Christus (siehe: 2Kor. 4,4.6).

Das heißt nichts anderes als dies: Wenn die Gemeinde Gottes dieses Evangelium gering wertet oder gar verachtet oder auch nur ihre Begegnung mit Gott auf eine andere Weise sucht als in und durch sein Wort, wenn sie das Gegenwärtigsein des Geistes Gottes aus anderen Quellen erstrebt, läuft sie in die Irre. Der Apostel Paulus formuliert es sogar noch schärfer: Wenn die Gemeinde ihre vermeintliche Ausstrahlungskraft durch etwas anderes empfangen möchte als durch das Evangelium von Jesus Christus, dann ist das ein Zeichen dafür, dass sie durch den Gott dieser Welt, durch Satan, verblendet ist (2Kor. 4,4). Die Aussage des Apostels macht damit deutlich, dass Christen nicht *Strahlende* sind, sondern sie sind *Bestrahlte*. Christen strahlen die Herrlichkeit Gottes im Angesicht Jesu Christi wider. (Das war ja die Ursünde Luzifers: Lichtträger sollte er sein, selbst leuchten wollte er.) Christen predigen nicht sich selbst, sie stellen sich nicht selbst dar, sondern sie haben eine einzige Botschaft: Christus ist der Herr (2Kor. 4,5).

Im Rahmen dieses Artikels kann es nicht darum gehen, den Inhalt des Evangeliums zu entfalten. Aber auf folgendes sei hingewiesen: Bereits im nächsten Kapitel benennt der Apostel den inhaltlichen Kern des Evangeliums. Er spricht hier vom *Wort der Versöhnung*. Dieses Wort der Versöhnung besteht darin, dass Gott in Christus war, die Welt mit sich selbst versöhnte und ihnen ihre Sünden nicht zurechnete (2Kor. 5,19). Genau dieses zu verkündigen, ist der Dienst der Versöhnung. Was für eine gewaltige Herrlichkeit diese Botschaft enthält, macht bereits die folgende Aussage deutlich, wenn Paulus ausruft: „Den, der von keiner Sünde wusste, hat er [Gott, der Vater] für uns zur Sünde (!) gemacht, auf dass wir in Christus die Gerechtigkeit Gottes (!) würden“ (so wörtlich: 2Kor. 5,21). Wenn wir über diese Aussage nur einen Moment glaubend nachsinnen würden, es würde uns mit Gewalt auf die Knie zwingen.

Dass das Wort der Versöhnung dann auch „praktisch“ wird und denjenigen, der dieses Wort im Glauben erfasst hat, in die Nachfolge, in den Dienst Gottes führt, wird gleich darauf deutlich (siehe: 2Kor. 6,1ff). Das *Evangelium der Gnade Gottes* ist kein anderes als das *Evangelium vom Reich*, also von der Herrschaft Gottes (vgl.: Apg. 20,24–25). Hier hat auch die Unterweisung in den Geboten Gottes ihren Platz, also die christliche Ethik. Kern der christlichen Ethik ist keineswegs, *Lebenshilfe* zu bieten, noch weniger geht es ihr um eine Schulung in *christian charming*, sondern ihr Inhalt ist das Halten der Gebote Gottes als der *Gestalt der Erkenntnis Gottes* in dieser Welt (1Joh. 2,3–4).

Halten wir fest: Weil sich Gott seiner Gemeinde ausschließlich durch das Evangelium der Herrlichkeit Christi offenbart, verschwindet Gott in wahrnehmbarer Weise aus der Mitte der Gemeinde, wenn sein Wort nicht mehr im Mittelpunkt steht.

5. Gott wohnt unter dem Lobgesang seines Volkes

5.1. „Ich will Dir in der Gemeinde lobsingen“

Die bereits oben (in Abschnitt 2) zitierte Aussage, wonach der Sohn den Namen Gottes seinen Brüdern verkündigen will und inmitten der Gemeinde ihm lobsingen möchte (Hebr. 2,12), bringt brennpunktartig zum Ausdruck, was die Funktion des Singens im Gottesdienst überhaupt ist: *Das Singen der Gemeinde Gottes hat ausschließlich den Sinn, Instrument für das Beten und für das Lobsingen des erhöhten Sohnes Gottes zu sein.* Er, der Sohn Gottes ist es, der dem Vater durch die Gemeinde Lob darbringt: „Ich will ... dir lobsingen“ (Hebr. 2,12).

Das Singen in der Gemeinde Gottes hat nicht den Sinn, sich „warm“ zu singen oder sich in Stimmung zu bringen. Die folgende Aussage Davids ist hier richtungweisend: Gott nimmt Wohnung unter den Lobgesängen seines Volkes (Ps. 22,4). Gemäß dieser Aussage ist der Lobgesang die Form, die Gestalt, in der Gott in der Mitte seiner Gemeinde gegenwärtig ist.

Im Blick auf das Zusammenkommen der Gemeinde verfügt der Apostel als erstes, dass ein jeder ein Lied (*psalmos*) habe (1Kor. 14,26). Aus der Gesamtaussage des 1. Korintherbriefes geht hervor, dass ausnahmslos alles, was in der Gemeinde Gottes geschieht, also sämtliche unterschiedlichen

Gnadengaben und Dienste Wirkungen des dreieinigen Gottes sind (1Kor. 12,11). So ist auch das Singen eine Gabe des Geistes Gottes. Schon von daher ist es nicht akzeptabel, sich bei der Auswahl der Lieder für den Gottesdienst von der Fragestellung bestimmen zu lassen, welches Lied oder welcher Liedstil dem Menschen am ehesten gefällt. Vielmehr hat die Liedauswahl unter dem Aspekt zu erfolgen, durch welche Textaussagen, durch welche Melodien und Rhythmen der dreieinige Gott so gelobt werden kann, dass es ihm angemessen ist.

Für die *Texte* der Lieder, die für den Gottesdienst geeignet sind, heißt das, dass es in diesen Liedern um Gott, den Schöpfer, den Erhalter und den Vollender der Welt geht, um seinen um Christi willen mit seiner Gemeinde aufgerichteten Gnadenbund sowie um unseren Glauben an ihn. Kern des Lobgesanges ist Christus, der Herr und das durch ihn bewirkte Versöhnungswerk.

5.2. Reine Geschmackssache?

Die Frage, welche *Melodien und Rhythmen* für das Loben Gottes im Gottesdienst geeignet sind, wird man vermutlich nur so beantworten können, dass man die Grenzen anweist, die nicht überschritten werden dürfen. Für die in diesem Artikel behandelte Fragestellung nach der Gegenwart Gottes in seiner Gemeinde, erscheint es sinnvoll, auf zwei Grenzen hinzuweisen.

Die erste Grenze, die nicht überschritten werden darf, liegt dort vor, wo Musik nicht mehr dienenden Charakter trägt, sondern um ihrer selbst willen, um des Genusses willen oder um der Selbstdarstellung willen produziert wird. Dieser Ästhetizismus, also die Haltung, nach der man gemäß dem Prinzip lebt, Musik sei maßstabslos, erlaubt sei „was gefällt", wurzelt geistesgeschichtlich im Idealismus. Gemäß dieser Weltanschauung leugnet der Mensch seine schöpfungsmäßige Zuordnung zu Gott. Stattdessen erhebt er sich selbst zum Schöpfer. Der moderne Begriff, der diese Lebensanschauung zum Ausdruck bringt, ist der der *Kreativität*. Der menschliche Geist ist nicht mehr primär empfangend, sondern er erzeugt aus sich heraus.

Der Weg vom Idealismus hin zum Existentialismus, in dem der menschlichen Existenz überhaupt nichts Sinngebendes mehr voraus geht, dauerte mehr als hundert Jahre. Gleichwohl war er sehr geradlinig. Im Existentialismus begegnet ein Menschenbild, gemäß dem der Mensch aus einer sinnlosen Faktizität heraustritt, um sich als ein in eine sinnlose Freiheit Geworfener wiederzufinden. Im Existentialismus entartet die Kreativität des Menschen, die davor noch durch den überkommenen christlichen Einfluss gehalten war, in Willkür und nihilistische Beliebigkeit.

Musik, die aus diesem Geist heraus produziert wird, versteht sich nicht als Schöpfungsgabe. Sie hat bestenfalls die Funktion, die Leere und das Nichts vergessen zu machen. Aus der Perspektive des herkömmlichen Verständnisses von Musik erscheint eine solche bestenfalls als eine Karikatur, als eine Parodie von Musik als Schöpfungsgabe. Im Kern ist sie unwahr: Dröhnungen, Geräuschterror.

Von daher ist die Frage, welche Musik in einem Gottesdienst ungeeignet ist, folgendermaßen zu beantworten: Nicht erst Rock, Punk, *white metal*, Techno oder Hip Hop als Kulturerscheinungen einer existentialistischen und nihilistischen Lebensauffassung stellen eine Leugnung des schöpfungsgemässen Hingeordnetseins der Musik auf Gott, den Schöpfer dar und sind von daher für den Lobgesang in einem Gottesdienst nicht akzeptabel, sondern bereits die seit dem 19. Jahrhundert aus einem Geist des Ästhetizismus und der Selbstdarstellung hervorgebrachten, theatralischen bzw. opernhaften Musikerzeugnisse.[2] Denn wenn der dreieinige Gott unter den Lobgesängen seines Volkes Wohnung nehmen will, dann darf im Gottesdienst nur Musik Verwendung finden, die um die *Dienstfunktion* dieser Schöpfungsgabe weiß.

Wenn man heute meint, sich in einem Gottesdienst über diese Grenze hinwegsetzen zu dürfen, braucht man sich nicht zu wundern, wenn die Leute im Anschluss an solche Darbietungen spontan anfangen,

---

2) Hier kann man auch an Oratorien z. B. von F. Liszt denken.

den Vortragskünstlern zu applaudieren. Derartige Reaktionen zeugen davon, dass die Gottesdienstbesucher intuitiv erfassen, was tatsächlich auf der Bühne – bezeichnenderweise ein Begriff aus der Welt des Theaters – abgeht.

5.3. Christliche Popmusik?

Eine andere Grenze, die das gottesdienstlich Angemessene überschreitet, ist die Popmusik. Der Einwand, der Gemeindegesang habe doch schon immer Impulse aus dem Volk aufgenommen, und Popmusik sei nur die heutige Gestalt der Volksmusik, ist aus folgendem Grund nicht überzeugend: Die Volksmusik im traditionellen Sinn ist der musikalische Ausdruck eines überschaubaren, durch Sprache, Geschichte und Lebensart zusammengehaltenen Gemeinwesens. Die Gemeinschaft verarbeitete in der Volksmusik singend ihre Lebenserfahrungen wie Geburt, Liebe, Trennungsschmerz, Leid, Tod, Wechsel der Jahreszeiten u.a..

Im Unterschied dazu ist das Volk, auf das sich die Popmusik bezieht, die Massengesellschaft. Kennzeichen der Massengesellschaft aber ist es gerade, dass sie keine Grunderfahrungen aus erster Hand macht, sondern sich dem Diktat der ihnen aus den Massenmedien vorgespielten standardisierten und reproduzierten Erfahrungen unterwirft. Populär ist dabei alles, für das Nachfrage erzielt wird. In ihr ist die Quote, das Verkäufliche, der Maßstab. In dieser auf Quantität angelegten Massenkultur wird Popmusik wie eine Ware hergestellt. Für Melodie, Harmonie, Orchestrierung usw. stehen jeweils eigene Spezialisten zur Verfügung, die das Ganze mit Hilfe vorgestanzter Computerprogramme nach Marketingstrategien montieren.[3]

Da aber das Evangelium den Menschen gerade aus der Diktatur des Machens und des Geldes herausführen und ihn auf ein Leben unter die Herrschaft und die Zucht des Heiligen Geistes weisen will, ist es offensichtlich, dass eine zu jenem Zweck produzierte Musik nicht nur nichts mit dem Evangelium zu tun hat, sondern diesem geradezu im Wesentlichen widerspricht. Evangelisten können nicht gleichzeitig das Wort Gottes rein zu verkündigen suchen und sich für die Vermittlung dieser Botschaft einzelner Mittel bedienen, die das verkündete Wort geradezu hintertreiben. Wenn man sich dennoch an die Massenkultur anhängt oder diese gar noch als pastorales oder missionarisches Instrument für evangelistische Einsätze preist, wird damit das Evangelium verraten. Stattdessen wäre es Aufgabe dynamischer Evangelisation, gegen die Entmündigung des einzelnen Menschen, die mit dem Geist dieser Mas-

---

3) Siehe dazu: A. Korb, *How to write songs that sell*. Boston 1957. Wie bereits der Titel dieses vor mehr als 40 Jahren verfassten Buches zeigt, bekennt der Verfasser offenherzig, Pop-Musik werde primär geschrieben und produziert, um Geld zu machen. *a.a.O.*, S. 8.

senkultur einhergeht, schärfstens Protest anzumelden.

Wie weit das Wissen darum, wofür Musik und Gesang im Gottesdienst eigentlich da sind, verschwunden ist, zeigt der Umstand, dass es inzwischen unter sich evangelikal nennenden Christen kaum noch anstößig ist, Hitlisten („charts“) für die „christliche“ Musikszene zu erstellen, und damit auch diese dem Kommerz- und Quotendruck zu unterwerfen.

5.4. Geistige Wurzeln der Popmusik

Ein weiterer Grund dafür, dass Popmusik kein Medium für die Evangelisation sein kann, ergibt sich aus der Analyse der geistigen Wurzeln dieser Kulturerscheinung. Die Popmusik ist Ausdruck eines Lebensgefühls, das die Wirklichkeit auf das Erlebbare, Erfahrbare, Erfühlbare, das *feeling* unter der Haut reduziert. Sie entspricht einer Welterfahrung, in der Gott nicht vorkommt. Ihre eingängigen Melodien und Rhythmen dürfen und wollen niemanden zum Nachdenken anregen oder sonst irgendwie beanspruchen. Durch Einsäuselung oder durch Anstachelung der Gefühle transportiert diese Musik die Botschaft: Du findest dein Heil, indem du dich in Traum- und Scheinwelten flüchtest. Sie unterwirft sich dem Gebot: „Versetze mich, ohne dass es mich Mühe oder Anstrengung kostet, in eine Gegenwelt, in der ich Zerstreuung finde, Spaß habe oder mich einfach wohlfühle."

Das heißt: Egal welcher Text zu hören ist, die Popmusik unterdrückt als Medium den Aspekt der Verantwortlichkeit. Dieses Medium drängt den Menschen hinein in Passivität, Trägheit, Initiativlosigkeit und Träumerei. Es lähmt ihn. Auf diese Weise kann es den Schritt zu klaren Bekehrungen verhindern und so das Evangelium verschleiern.

Wenn man erfasst hat, dass das Medium der Übermittlung, die Popmusik, in keiner sinnvollen Beziehung zu dem zu übermittelnden Inhalt steht, sondern eher der Inhalt durch das verwendete Medium absorbiert wird, wundert man sich nicht, dass sich durch das Eindringen der Popmusik in den Gottesdienst der Sinn des Singens kategorial verändert hat. Nun geht es nicht mehr um das Lob Gottes, des Vaters, um den Dank für die Versöhnung durch Christus, für sein auf Golgatha gebrachtes Sühnopfer zur Vergebung unserer Sünden, sondern das Subjekt des Singens sind die Feiernden selbst geworden. Im Zentrum stehen nun die Individuen, die durch das Mittel ihres Singens zu einer sich selbst feiernden Gemeinschaft werden wollen. Das Singen fungiert als Impulsgeber, durch das der einzelne aus seiner Isolation heraustritt, seine emotionalen Befreiungserlebnisse bekommt und Erfahrungen von Lockerheit und Heiterkeit macht. An dieser Maxime orientiert sich die Auswahl der Lieder: Wenn die Lieder nicht leicht eingängig sind und nicht eine euphorische Atmosphäre erzeugen, gelten sie als „out“, „fade“, „langweilig“, „altmodisch“ oder „steril“.

Dass bei diesen Veranstaltungen der Mensch im Mittelpunkt steht, wird nicht durch die verbale Bekundung entkräftet, man lobe bzw. feiere doch in den Texten Gott. Darum noch ein Wort zu den mittlerweile auf breiter Front in evangelikale Gemeinden eingebrochenen sogenannten „Lobpreisgottesdiensten“ („Sing and Praise“; „Jesus-House“ u.ä.), die bekanntlich ursprünglich in der charismatischen Bewegung beheimatet waren.

Gerade die in derartigen Veranstaltungen bis zur Perfektion betriebenen, sorgfältig aufeinander abgestimmten Mittel wie aufwendige Raumgestaltung, detailliert geplante Scheinwerfer- und Beleuchtungsregie, natürlich die unverzichtbare, mindestens 100 Dezibel leistende Verstärkeranlage, mit Hilfe derer durch gut trainierte Bands entweder ein flott-fetziger oder ein sanft-suggestiver *sound* zu Gehör gebracht wird, verfolgen einen einzigen Zweck: Es soll eine Gemeinschaftsatmosphäre aufgebaut werden, die als eine Art seelisches Überdruckventil fungiert: Die Anwesenden sollen ihre im Alltagsstress angestauten Frustrationen abbauen können oder zumindest sich dem Alltag enthoben wähnen. In diesen als Erlebnis-Gottesdienste titulierten *happenings* sollen die Lobpreislieder die Teilnehmer in ein Stimmungshoch versetzen und sie dazu animieren (bösmeinende Beobachter würden von „manipulieren" sprechen), dass Leute je nach Bedürfnis Spaß haben, ausflippen können oder ein „geiles feeling" bekommen.[4]

5.5. *Musik, die für den Gottesdienst angemessen ist*

Mit diesen beiden Markierungen haben wir Musik für den Gottesdienst abgewiesen, die nicht dienenden Charakter hat, sondern um des Genusses und der Selbstdarstellung willen dargeboten wird, sowie die Pop- bzw. Schlagermusik. Um den Raum in den Blick zu bekommen, in dem sich für den Gottesdienst geeignete Musik entfalten kann, können die Kriterien hilfreich sein, die Gott anlässlich des Baus der Stiftshütte nennt: Der Künstler muss von seinem Herzen getrieben sein (es darf also nicht eine ohne innere Beteiligung übernommene Auftragsarbeit sein), er muss Einsicht haben (also über Sachverstand verfügen), und er muss vernommen haben, was der Herr selbst gezeigt hat (2Mos. 36,1–2). Dieses letzte Kriterium setzt den Blick des Künstlers in die Welt Gottes voraus, so dass er eine Wahrheit auszusprechen vermag, die Ewiges zum Gegenstand hat. Ein für den Gottesdienst angemessenes

---

4) Diesen Begriff entnehme ich dem Bericht eines Beobachters solcher alternativen Gottesdienstformen. Siehe: *idea dokumentation* 5,2000, Wetzlar, S. 12. Siehe dort weitere Berichte über alternative Gottesdienstformen.

Musikerzeugnis kann nicht von jemandem stammen, der im neuzeitlichen Sinn „zeitgeistgemäß“ oder „kreativ“ arbeitet, sondern nur von jemandem, der das, was ihm im Geist durch das Wort Gottes geschenkt worden ist, ins Musikalisch-Hörbare zu übertragen vermag.

Beim Benennen der Grenzpfähle ist unbestritten, dass es an den Rändern Übergänge geben mag, die nicht eindeutig sind und über die lange zu streiten wenig hilfreich ist. Dort ist Toleranz und Freiheit im Glauben geboten. Aber der Kern muss klar sein: Eine im Gottesdienst angemessene Musik wird nicht nur durch den Text bestimmt, sondern auch durch eine Melodieführung, in der der dreieinige Gott als Schöpfer und Herr bekannt und als der Ewige, Heilige, Allmächtige, Gnädige und Barmherzige gelobt wird. Dabei muss immer klar sein, dass Gott deswegen durch Gesang und Musik gelobt wird, weil bloße Worte für diesen wunderbaren Gott nicht ausreichen. Eine von diesem Geist getragene Gottesdienstmusik steht unter der Verheißung: „Wer Lob darbringt, der verherrlicht mich, und dies ist der Weg, auf dem ich ihm Gottes Heil zeigen will“ (Ps. 50,23).

5.6. Zwei Entscheidungen in der Geschichte der Kirche

Es wird wohl heute an diesem Punkt ohne den Mut zum Verzicht und ohne den Mut zum Widerspruch nicht abgehen können. Hier mag eine Erinnerung aus zwei kirchengeschichtlichen Epochen hilfreich sein.

Im 2. und 3. Jahrhundert geriet die Kirche in die *gnostische* Versuchung, und unmittelbar danach drohte sie akut vom *Hellenismus* überfremdet zu werden. Die Einfallspforten, die aus dem Glauben herauszuführen drohten, waren nicht nur das griechische Denken, sondern auch die griechische Musik. Zusehends brach durch die neue Musik der Gnostizismus und der Hellenismus in die Gemeinde ein, ja das Eindringen der neuen Musik war vielfach mit dem Einbrechen dieser geistigen Strömungen identisch.

Angesichts dieser Bedrohung fassten die Christen jener Zeit den Entschluss, rigoros auf musikalische Innovationen zu verzichten, bzw. diese zurückzuweisen. Stattdessen entschieden sie sich, die kirchliche Musik auf die Psalmen zu reduzieren. Die vom Psalter vorgegebene Weise des Musizierens wurde nicht nur zur *musikalischen* Richtschnur der Frühen Kirche, sondern die biblischen Psalmen benannten auch den *inhaltlichen* Maßstab für das im Gottesdienst erlaubte Singen.[5] Bei dieser Einschränkung – sie war nur zeitweilig – ging es darum, die eigene Identität der Gemeinde Jesu Christi zu wahren. Schon bald danach konnte man auf diese Askese verzichten, um dann mit frischer Kraft großartige kulturelle Werke hervorzubringen.

Im 16. Jahrhunderts beschritt der Genfer Zweig der Reformation (Johannes Calvin) einen ähnlichen Weg: Angesichts der polyphonen Renaissancemusik beschloss man, das für den Gottesdienst geeignete Liedgut auf den Psalmengesang, der einstimmig intoniert wurde, zu reduzieren.

Meines Erachtens besteht heute kein zwingender Grund, das Singen im Gottesdienst auf die Psalmen

---

5) Diese seit dem 2. Jahrhundert allmählich sich durchsetzende Beschränkung des gottesdienstlichen Singens ist unter anderem greifbar in einem Entscheid auf der Synode von Laodicea (364) can. 59. Hier wird der Gebrauch von „privaten Psalmendichtungen sowie nichtkanonischen Schriften“ im Gottesdienst untersagt. Siehe dazu ausführlich: M. Hengel, *Das Christuslied im frühesten Gottesdienst.* In: *Weisheit Gottes. Weisheit der Welt.* Festschrift J. Ratzinger, W. Baier u. a. (Hrsg.), S. 366–370. Siehe auch die Klage des Chrysostomos, dass „eure Kinder satanische Lieder singen, aber keines kennt einen Psalm...“. J. Chrysostomos, Kommentar zum Kolosserbrief, 9. Homilie. In: *Bibliothek der Kirchenväter* (*Chrysostomos* VII), München [Kösel] 1924, S. 363. Siehe ferner: Augustinus' Wunsch nach noch besserer Pflege des Psalmengesanges in seinem *Brief an Januarius.* In: *Bibliothek der Kirchenväter* (*Augustinus* IX*)*, S. 249–250.

einzuschränken, zumal heute ein großer Schatz wirklich glaubensgemäßen Liedgutes zur Verfügung steht. Aber zwei Punkte können uns diese kirchengeschichtlichen Entscheidungen lehren:

Erstens verliert die Behauptung, man müsse, um heute dynamisch evangelisieren zu können, auf zeitgenössische Musikformen zurückgreifen, ihre geistige Mächtigkeit. Denn in zwei kirchengeschichtlichen Epochen schlug man den genau entgegengesetzten Weg ein. Niemand wird ernsthaft behaupten wollen, dass diese Zeiträume die uneffektivsten waren, was die Verbreitung des Wortes Gottes anbelangt. Im Gegenteil!

Zum zweiten stellen sie massiv die heute herrschende Meinung in Frage, die Entscheidung darüber, welche Musik in gottesdienstlichen Veranstaltungen verwendet werden könne, sei eine subjektive Angelegenheit („reine Geschmackssache"), und man sei geradezu gezwungen, sich in dieser angeblich den Kern des Evangeliums nicht tangierenden Nebensächlichkeit an die Umgebung anzupassen.

Stellen wir das Problem einmal vom Kopf auf die Füße: Ist die Befürchtung wirklich so realitätsfern, dass wenn in den nächsten Jahren nicht eine grundsätzliche Neubesinnung über Funktion, Sinn und Gestalt des Gott-Lobens in der Gemeinde erfolgt, der Gottesdienst seine schriftgemäße Bedeutung verlieren könnte und damit das Sein der Gemeinde als Gemeinde Gottes auf dem Spiel steht, (also in der Gott gegenwärtig ist)? Anders formuliert: Wenn Gott sich noch einmal erbarmt und diesem Land eine Reformation schenkt, so dass auf den Kanzeln wieder unmissverständlich das „Wort der Versöhnung" verkündigt wird, wird das nicht nur bedeuten können, dass man sich auf die Untrüglichkeit, die Irrtumslosigkeit der Heiligen Schrift zurückbesinnt, weil es Gott ist, der sie gegeben hat und der in ihr spricht, sondern man wird sich auch wieder darüber im Klaren werden müssen, dass durch das Lobsingen im Gottesdienst Gott unter seiner Gemeinde wohnen will, folglich die Art und Weise des Lobens ihm entsprechen muss.

6. Gottes Gegenwart in der Gemeindewachstumsbewegung?

6.1. Den Juden wie ein Jude ...

„Aber trotzdem", so mag der Einwand lauten, „sagt der Apostel Paulus nicht, dass er den Juden ein Jude geworden ist und den Gesetzlosen ein Gesetzloser ... (1Kor. 9,19–23)? Ist es nicht angesichts dieses apostolischen Zeugnisses geradezu lieblos und ungeistlich, sich nicht auf den anderen so radikal wie möglich einzustellen, also zum Beispiel sucherorientierte Gottesdienste zu veranstalten? Schließlich muss der Köder nicht dem Angler schmecken, sondern dem Fisch! Man kann sich eben die Kultur, in der man lebt, nicht aussuchen! Christen sind verpflichtet, das Evangelium zu verkündigen, und folglich müssen sie sich auf die Welt einlassen und zwar auf jede erdenkliche Weise und um jeden Preis! Ja, Christen sind doch gerade dazu befreit, ihre eigene Kultur zu überschreiten, sich auf andere einzustellen, ihnen entgegenzukommen! Entspricht nicht gerade diese Einstellung auch der reformatorischen Überzeugung, dass ein Christenmensch ein dienstbarer Knecht aller und jedermann untertan ist?“[6]

Auf diese unbestritten ernst zu nehmenden Anfragen ist folgendes zu antworten: Zunächst einmal muss die Aussage in 1Kor. 9 *richtig übersetzt* werden. Denn hier sagt der Apostel Paulus nicht, dass er den Juden ein Jude geworden ist, sondern er ist den Juden *wie* ein Jude geworden. Paulus ist nicht gesetzlos geworden, sondern *wie* ein Gesetzloser. Zur Illustration folgendes Beispiel: Um mit einem Rauschgiftsüchtigen ein evangelistisches Gespräch führen zu können, braucht man nicht ebenfalls süchtig zu werden. Aber man wird sich bei der Wahl der Sprachebene, bei der Wahl der Kleidung und bei der Art und Weise, wie man ihm sonst begegnet, darum bemühen, Hürden abzubauen.

---

6) Siehe dazu Luthers Schrift: *Von der Freiheit eines Christenmenschen* (1520).

Ferner ist es ein Missverständnis zu meinen, Paulus plädiere in 1Kor. 9,19–23 dafür, das Evangelium dem Geschmack seiner Hörer anzupassen, sondern – man achte *auf den Zusammenhang* – eher ist das *Gegenteil* der Fall: Es geht dem Apostel darum, seine Freiheit, das meint hier: seine Unabhängigkeit von den äußeren Umständen, das heißt auch, von dem jeweiligen kulturellen Umfeld, in dem er seinen Dienst tut, zum Ausdruck zu bringen.

Konkret nimmt Paulus hier zu dem Vorwurf Stellung, er verfolge bei der Verkündigung des Evangeliums finanzielle Eigeninteressen. Angesichts dieser Unterstellung vonseiten der Korinther bezeugt er seinen „Ruhm“, dass er das ihm von Gott aufgetragene Evangelium allen Menschen verkündet, ohne dafür etwas Materielles zu erwarten (1Kor. 9,15–18). Denn der Gott, der ihm die Last auferlegt hat, das Evangelium zu verkündigen, hat ihm auch die Freiheit geschenkt, bei der Verkündigung des Evangeliums nicht von dem Gedanken gesteuert zu sein, auch nicht im Geheimen, von seinen Zuhörern eine Gegenleistung zu verlangen. So ist der Apostel nicht nur davon befreit, sich bei den Menschen lieb Kind machen zu müssen oder das Evangelium ihnen anzubiedern, etwa dadurch, dass er die Botschaft der Versöhnung banalisiert, sondern ihm ist die Vollmacht gegeben, sich den unterschiedlichsten Menschengruppen, seien es nun Juden oder Griechen, seien es Gesetzliche oder Gesetzlose mit dem Evangelium ohne Abstriche und ohne eigennützige Hintergedanken zuzuwenden.

Halten wir fest: Bei Berücksichtigung des Zusammenhangs, in dem 1Kor. 9,19–23 steht, wird deutlich, was Paulus an dieser Stelle sagen will: Der Apostel fordert hier nicht dazu auf, das Evangelium zu kontextualisieren oder es sonstwie der jeweiligen Kultur oder dem jeweiligen Milieu anzupassen oder zu assimilieren. Vielmehr will er folgendes zum Ausdruck bringen: Egal aus welchem geistigen oder kulturellen Hintergrund die Menschen kommen, denen er das Evangelium verkündet, er hat stets als einziges Ziel vor Augen, ihnen das Evangelium unverfälscht, ohne Nebenabsichten zu verkündigen. Denn er weiß, dass nur durch die unverkürzte, in Einfalt und Lauterkeit verkündete Heilsbotschaft, Menschen errettet werden können (2Kor. 1,12; 2,16–17). Diesen Dienst zu erfüllen, sich so ihnen zum „Sklaven“ zu machen (1Kor. 9,19), ist ihm den Einsatz seines ganzen Lebens wert (siehe: 1Kor. 9,24–27).

Diese Zielvorgabe heißt für den Apostel, dass er sich unbeirrt darum müht, Entgleisungen und Missverständnisse unter seinen Zuhörern auszuräumen. (Diese sind nicht selten auf die Umwelt zurückzuführen, aus der sie stammen). Im 1. Korintherbrief zeigt sich das darin, dass er auf konkrete Fragen der Gemeinde klare Antworten gibt (siehe zum Beispiel: 1Kor. 6,1ff); wo Irrtümer aufgetreten sind, sucht er diese auszuräumen (siehe zum Beispiel: 1Kor. 5,9–11); wo Sünden eingebrochen sind, ruft er streng, aber als innerlich Gedemütigter (siehe:

2Kor. 12,20–21) zur Korrektur und Reinigung auf (1Kor. 5,1–8). Diesen Dienst, die Gemeinde auf dem klaren Kurs des Evangeliums zu halten, verrichtet er nicht, um über den Glauben seiner Zuhörer zu herrschen, sondern aus *Liebe*, unter vielem (!) Bangen und mit vielen (!) Tränen (vgl.: 2Kor. 1,24 – 2,4).

Niemals jedoch kam es Paulus in den Sinn, den vermeintlichen Bedürfnissen seiner Zuhörer nachzugeben, also etwa den Juden ein Wundertäter oder den Griechen ein Kulturintellektueller zu werden. Vielmehr blieb er standhaft und unermüdlich dabei, nichts anderes als das ärgerniserregende Wort vom Kreuz zu sagen (1Kor. 1,17–23). Er weiß: Jedes auch nur gedankliche Liebäugeln, um dem Evangelisieren durch Tricks, Anbiederung oder Einschmeichelei nachzuhelfen, wäre Verrat am Evangelium (siehe dazu ausführlich: 1Thess. 2,1–16).

Der Apostel stellt einmal die Frage: „Predige ich jetzt Menschen oder Gott zuliebe? Oder suche ich Menschen zu gefallen? Wenn ich noch Menschen gefallen wollte, so wäre ich Christi Knecht nicht" (Gal. 1,10). Das heißt: Wenn Paulus mit dem Ziel evangelisieren würde, um auf Menschen einen guten Eindruck zu machen, wäre er im Dienst Gottes am falschen Platz. Er hätte das Evangelium verfälscht und damit seine Berufung als Diener der Versöhnung verfehlt. Folglich verzichtet er weder bei Griechen noch bei Juden auf den Ruf zur Buße, zur Bekehrung, und das heißt immer zu einem Bruch mit der jeweiligen Kultur, aus der der Betreffende kommt (Apg. 20,18–21).

6.2. Die Idee ist nicht neu

Schon aus dieser Perspektive wird sich das gegenwärtig als neu propagierte Programm, *Kirche sei nur dann recht Kirche, wenn sie Kirche für andere ist*, kritische Anfragen gefallen lassen müssen. Möglicherweise ist in diesem Zusammenhang eine Erinnerung aus der nicht allzu lange zurückliegenden Kirchengeschichte angebracht. Denn das in diesen Veröffentlichungen vertretene Gedankengut ist in seiner Grundstruktur gar nicht so originell und gar nicht so amerikanisch, wie heute vielfach gemeint wird.

Ähnliches wurde schon vor knapp einem halben Jahrhundert vertreten. Zu jener Zeit schrieb der Theologe Karl Barth: „*Heraus*gerufen aus der Welt wird und ist die Gemeinde erst recht in sie *hinaus*gerufen. Und die Echtheit gerade jenes ‚Heraus' steht und fällt damit, dass es zwischen ihm und dem ihnen unfehlbar folgenden Hinaus kein Halten gibt...“.[7] Etwas später lehrt er, dass die Kirche „in jeder Hinsicht, in allen Sparten, auch ihres schein-

---

7) K. Barth, *Kirchliche Dogmatik* IV,3. Zürich, Zollikon 1959, S. 874.

bar nur inneren Tuns ... nach außen, in die Richtung *extra muros* [außerhalb der Mauern], hin zu den Menschen“ handelt.[8] Der Schweizer Theologe meint ferner, dass die klassische Lehre über die Gemeinde (Ekklesiologie) an einem „heiligen Egoismus“ leide.

Um nicht missverstanden zu werden: Karl Barth vertrat keineswegs die Ansicht, Kirche sei nur dann recht Kirche, wenn sie Kirche für andere ist. Aber aus diesen und anderen, hier nicht weiter zu besprechenden Ansätzen entwickelte sich im Lauf der ersten Hälfte der 60er Jahre des vergangenen Jahrhunderts innerhalb der theologischen Wortführerschaft des Ökumenischen Weltrates der Kirchen die sogenannte Apostolatstheologie.[9]

Etwas verkürzt lautet der Kerngedanke dieses Entwurfes: Die Kirche ist eine Funktion der Mission. Mission erwächst also nicht aus der Gemeinde, sondern die Gemeinde ist einzig und allein ein Vehikel der Mission, oder wie man damals zu sagen pflegte: des Apostolats. Dieses Gedankengut verbreitete sich seinerzeit erstaunlich schnell innerhalb des Ökumenischen Weltrates. Bereits 1966 lautete die Losung: „Die Welt muss die Tagesordnung für die Kirche festsetzen“ („*The world must set the agenda for the church*“).

---

8) K. Barth, *a.a.O.*, S. 892.

9) Führende Theologen dieses Entwurfes waren u.a.: A.A. van Ruler und J.C. Hoekendijk.

Diese in der Aufbruchsstimmung der Nachkriegszeit konzipierte und dann mit großem Schwung und zum Teil mit eifernder Verbissenheit vorgetragene „Apostolatstheologie“ zeigte seit der zweiten Hälfte der sechziger Jahre einen durchschlagenden Erfolg. Denn tatsächlich bestimmt seitdem die Welt, sprich linke Gruppierungen, die Agenda der Kirche. Natürlich sind diese verheerenden Auswirkungen von den ursprünglichen Vertretern dieser Theologie nicht beabsichtigt worden! Aber waren sie nicht implizit in diesem Entwurf enthalten?

Halten wir fest: Die strukturelle Grundkonzeption, Kirche müsse Kirche für andere sein, ist keineswegs neu. Neu ist lediglich, dass diese Forderung, die vor einer Generation im Ökumenischen Weltrat propagiert wurde, heute in Kreisen der Evangelischen Allianz auftaucht und dort breite Aufnahme findet.

6.3. Gemeinde ist mehr

Aber wann auch immer und durch wen auch immer diese Gedanken verbreitet werden, das Wort Gottes macht deutlich, dass *die Gemeinde Jesu Christi keineswegs ausschließlich als Funktion der Mission aufgefasst* werden darf. Selbstverständlich wird nicht bestritten, dass die Gemeinde Gottes seit Pfingsten durch den Heiligen Geist als Stadt auf dem Berg und als Salz der Erde fungiert (Mt. 5,13–14). Mehr noch: Diejenigen, die das Evangelium haben, stehen bei denjenigen in Bringschuld, die das

Evangelium nicht kennen (vgl.: Röm. 1,14ff; Apg. 20,26–27). Aber das, was die Bibel über die Gemeinde sagt, darf nicht auf diesen Aspekt verkürzt werden. Im Licht der Heiligen Schrift ist die Gemeinde nicht ausschließlich auf andere, auf die Welt gerichtet. Schon gar nicht hat die Welt in der Gemeinde Gottes die Tagesordnung festzulegen. Die biblischen Aussagen über die Gemeinde sind keineswegs mit der Bezeichnung „Vehikel der Mission“ adäquat wiedergegeben. Vielmehr spricht das Neue Testament über die Gemeinde als vom Wohnort Gottes im Geist (Eph. 2,22). Sie ist der Tempel Gottes (1Kor. 3,16–17; Eph. 2,22), das Bauwerk Gottes (1Kor. 3,9), der Acker Gottes (1Kor. 3,9), das Haus Gottes (1Tim. 3,15), das Volk Gottes (Apg. 15,14; 1Petr. 2,9), die Fülle des Christus (Eph. 1,23), der Leib des Christus (1Kor. 12,27; Eph. 1,23).

Die biblischen Schreiber schildern das Leben der Gemeinde, auch ohne dass sie über missionarische Aktivitäten berichten (vgl.: Apg. 2,42; 4,32–37; 1Kor. 12). Sie sprechen über den Dienst der Ältesten als von einem Weiden der Herde (Apg. 20,28; 1Petr. 5,2) und einem Sorgen für die Gemeinde (1Tim. 3,5). In der Gemeinde Gottes geht es neben Evangelisation auch darum, zueinander in Psalmen, Lobliedern und geistlichen Liedern zu sprechen (Eph. 5,19), einander zu trösten (1Thess. 4,18), zu ermahnen (Hebr. 3,13; 10,24–25) und aufeinander acht zu haben (Hebr. 12,15).

Auch beim Aufbau der Gemeinde geht es nicht ausschließlich um das zahlenmäßige Anwachsen der Gemeinde, sondern auch um das Festigen der Gemeinschaft. Paulus betet, dass die Christen in Thessaloniki in der Liebe zunehmen: zueinander und zu allen (1Thess. 3,12). Man beachte die Reihenfolge!

Kurzum: Wie eingängig auch immer die Aussage ist, dass die Gemeinde Gottes nur dann recht als Kirche strukturiert ist, wenn sie Kirche für andere ist, dem Gesamtzeugnis des Neuen Testamentes wird diese Ansicht nicht gerecht.

6.4. Dienst der Versöhnung oder Marketing

Im Licht dieser biblischen Aussagen wird man auch die neuere *Gemeindewachstumsbewegung* bewerten müssen. Deren erklärtes Ziel ist es, das Christentum für die Gegenwart relevant und effektiv zu machen, namentlich für kirchenferne bzw. kirchendistanzierte Menschen. Noch in dieser Generation wolle man mit Hilfe der hier angebotenen Methoden ganz Amerika evangelisiert haben.

Diese Zielsetzung ist unbestritten lobenswert. Aber sie kann und darf nicht dazu führen, die Frage nach den geistigen Grundlagen der Gemeindewachstumsbewegung zu unterdrücken. Bei der Lektüre ihrer Veröffentlichungen stechen nicht nur Begriffe ins Auge wie „Unternehmen Kirche“, sondern in den betreffenden Ausführungen begegnet man im Blick auf die Gemeinde wie selbstverständlich Marketingstrategien.

Es wird hier nicht behauptet, dass Christen auf alle außerbiblischen Einsichten verzichten müssen. Keineswegs sind Christen, die sich dem Wort Gottes verpflichtet wissen, der Überzeugung, dass alles, was nicht in der Bibel steht, von vornherein unwahr ist. Im Gegenteil: Auch außerhalb der speziellen Offenbarung, der Heiligen Schrift, gibt es Wahrheitselemente. Diese Wahrheitselemente dürfen Christen benutzen. Genau wie das Volk Israel bei seinem Auszug aus Ägypten die Ägypter ihres Schmuckes berauben durfte, so dürfen auch wir Wahrheitselemente aus der Welt für das Reich Gottes einsetzen. Aber genau wie das Volk Israel aus den geraubten Schätzen kein goldenes Kalb machen durfte, dürfen sich Christen nicht von den „geraubten" Denkrastern einfangen lassen.

Tatsächlich war in den Anfangszeiten der Gemeindewachstumsbewegung durchaus noch biblisch-theologisches Nachdenken anzutreffen. Mittlerweile aber scheint dieses zunehmend durch Vertrauen auf Methoden verdrängt worden zu sein. Inzwischen lässt man sich nicht nur durch Kurvendiagramme und Statistiken beeindrucken, sondern fängt an, in Rastern des Marketing zu denken. Dadurch aber wird das Evangelium notwendigerweise verändert, verfälscht. Dafür sechs Beispiele:

1. Ein unverzichtbares Marketingkriterium ist der *Erfolg*. Wenn ein Manager erfolglos bleibt, wird er gefeuert. Es ist mitunter zu beobachten, dass man inzwischen in der Gemeinde mit Dienern am Wort, die keine oder kaum „Erfolge" vorweisen können, auch so umgeht. Die Heilige Schrift nennt jedoch ein anderes Kriterium, an dem ein Diener Gottes beurteilt werden soll: die Treue (1Kor. 4,2). Oft ist es unendlich mühselig und mit großem Aufwand verbunden, nur einen einzigen Menschen zu Christus zu führen. Ein solcher Aufwand widerstrebt jedem in Statistiken rechnenden Erfolgsdenken.

2. In der Gemeindewachstumsbewegung kommt das Erfolgskriterium auch in ihrem Grundbekenntnis zum Ausdruck: Eine gesunde Gemeinde wird numerisch wachsen, eine Gemeinde, die nicht wächst, ist nicht gesund. Damit drängt sich der Verdacht auf, dass die Gesundheit einer Gemeinde an der Reaktion der Ungläubigen gemessen wird. Dann aber stellt sich die Frage, ob eine solche Gemeinde noch in dem dreieinigen Gott ihre Mitte hat oder nicht inzwischen ihre *Normen und Werte aus der Welt bezieht* (siehe dazu: Lk. 6,26).

3. Marketingdenken heißt im Blick auf die Gemeinde Gottes auch, dass man sie als ein *Feld von Potentialen und Möglichkeiten* beäugt. Damit aber wird sie nicht mehr oder bestenfalls noch am Rande wahrgenommen als das, was sie ist: Werk Gottes (1Kor. 3,6).

4. Ein in den Rastern von Marketingstrategien gefangener Geist denkt konsumentenorientiert. Der *„König Kunde“* steht im Zentrum. In der Gemeinde aber ist nur einer König und Herr: Christus. Man könnte einwenden, es bestehe insofern zwischen Marketingdenken und Evangelium eine Schnittmenge, als sich ja auch Gott dem Menschen zuwendet, also sich auf ihn ausrichtet. Dieser Argumentation ist jedoch entgegenzuhalten, dass die Gnade, die Gott dem Sünder zuwendet, nicht meint, der Mensch würde nun in den Mittelpunkt treten. In der Gemeinde Gottes geht es immer zuerst um Gott, also nicht um Benutzerfreundlichkeit („benutzerfreundliche Kirche“). Im Zentrum eines Gottesdienstes, der diesen Namen verdient, steht der dreieinige Gott, sonst niemand.

5. Im Horizont einer erfolgsorientierten Gemeindewachstumsbewegung erscheint es nicht als Zufall, sondern als sachnotwendig, dass auch der *Verkündigungsinhalt des Evangeliums* Marktstrategien unterworfen wird. Anstatt Gottes Heiligkeit in den Mittelpunkt der Verkündigung zu stellen, verlangen die Gesetze des Marktes eine Botschaft im Sinn von „Mit-Jesus-geht-es-dir-gut“ zu bringen. Sünde wird nicht mehr bezeugt als Schmähung der Heiligkeit Gottes und seines Gesetzes, Gnade wird nicht mehr verkündigt als Gottes souveränes Handeln gegen die Sünde, das Kreuz wird nicht mehr gezeigt als der Ort, an dem Gott seine Gerechtigkeit aufgerichtet hat, zu der wir allein durch den Glauben Zu-

gang haben. Diese zentralen Begriffe des Evangeliums verschwimmen innerhalb eines Bezugsrahmens, in dessen Mittelpunkt nun ein Gott steht, der den Menschen im Kern ganz okay findet und ihm das Angebot macht, ihn einmal als Hilfesteller bei der Bewältigung der Lebensprobleme auszuprobieren. Noch einmal: Diese Veränderung des Verkündigungsinhaltes ist, wenn man sich einmal auf das Marketingdenken eingelassen hat, kein bedauerliches, leicht korrigierbares Missgeschick, sondern sie ist Konsequenz des Ansatzes.

6. Das Denken in Marketingstrategien führt innerhalb der Gemeindewachstumsbewegung auch dahin, dass die *Wahrheitsfrage verschwindet.* Illustrativ ist ein Vergleich zweier Studien aus Amerika. Die eine Studie stammt aus dem Jahr 1934. Damals wurde die Erwartung zum Ausdruck gebracht, dass Pastoren in fünf Aufgabenfeldern Fähigkeiten haben sollen. Sie sollen Lehrer, Prediger, Pastoren, Leiter und Administratoren (Organisatoren) sein.[10] In einer Studie aus dem Jahr 1980 aus Amerika wurde die Frage nach dem Anforderungsprofil eines Pastors an 47 Denominationen gestellt. Nun lautete die Antwort: Pastoren sollen offen sein, bejahend wirken, positive Ausstrahlung besitzen, beziehungsfähig sein und in Diskussionen vor allem tolerant auftreten. Die Veränderung ist offensichtlich. Im Vor-

---

10) W.A. Brown, *The Education of American Ministers.* Bd. 1. Institute of Social and Religious Research, New York 1934, S. 21.

dergrund stehen nun Beziehungsqualifikationen und die Befähigung zum Konflikt-Management. Biblische und geistliche Kriterien des Dienstes erscheinen möglich, aber nicht unbedingt erforderlich. Sie rükken ins zweite Glied.[11] Man vergleiche diese säkularsoziologischen Kriterien mit denjenigen, welche die Apostel in Apg. 6,4 nennen: Sie wollen sich auf das Gebet und den Dienst des Wortes konzentrieren. Wieder gilt: Das Verschwinden der Wahrheitsfrage im Rahmen der Gemeindewachstumsbewegung ist nicht eine vermeidbare Begleiterscheinung: Denn wenn man einmal den Boden des Marketingdenkens betreten hat, wird der Inhalt nebensächlich. Zur Hauptsache wird, dass es funktioniert, dass es ankommt.

An diesen Beispielen mag deutlich werden, dass im Kern zwischen dem Reich Gottes und dem Marketingdenken der Gemeindewachstumsbewegung keine Übereinstimmung besteht. Der Motor des Marketingdenkens ist der Modernismus. „Modernismus" hat hier nicht die Bedeutung von *up to date*, sondern damit ist gemeint, von der Überzeugung getrieben zu sein, es selbst zu können, es selbst hinzukriegen, es selbst zu managen.[12] Marketingmethoden tendieren dahin, dass der Mensch und sein Machbarkeitswahn in den Mittelpunkt rücken.

---

11) Zitiert nach: O. Guiness, *Dining with the devil. The Megachurch Movement flirts with Modernity.* Grand Rapids [Baker Book House] 1993, 6. Auflage 1998, S. 52.
12) Siehe dazu ausführlich: O. Guiness, *a.a.O.,* passim.

Dann aber attackiert dieser Geist die Gemeinde Gottes im Kern. Denn die Gemeinde ist nur solange Gemeinde Gottes, wie Gott in ihr gegenwärtig ist, das heißt durch sein Wort der Versöhnung in ihrer Mitte regiert und unter ihrem Lobgesang Wohnung nimmt. Bei der Auseinandersetzung mit der Gemeindewachstumsbewegung geht es um nicht weniger als um die Frage, ob in ihr Gott noch als Gott akzeptiert und als solcher verehrt wird.

7. Gott ist gegenwärtig. Dynamisch evangelisieren

Abschließend möchte ich folgende Fragen stellen:
1. Steht es uns noch vor Augen, dass es Gott ist, der das Wachstum bewirkt: „Paulus hat gepflanzt, Apollos hat begossen, aber Gott hat das Wachstum gegeben“ (1Kor. 3,6)?

2. Kann es uns heute Lebenden etwas zu sagen haben, dass die Söhne Aarons, Nadab und Abihu, als sie fremdes Feuer auf den Altären Gottes darbrachten, von Gott schlagartig vernichtet wurden (3Mos. 10)?

3. Kann es unser auf Kurvendiagramme und Statistiken fixiertes Denken noch beunruhigen, wenn wir lesen, dass Gottes Zorn über David kam (2Sam. 24,1), ja dass es eine teuflische Versuchung war

(1Chr. 21,1), als er das Volk Gottes statistisch zu erfassen suchte?

4. Kann es für uns eine Bedeutung haben, dass Ussah getötet und David gerichtet wurde, als sie die Bundeslade Gottes auf einem Wagen, also mit einem falschen Mittel, nach Jerusalem bringen wollten? Und dabei waren doch alle so fröhlich und so heiter gestimmt, und sie lachten und tanzten ... (1Chr. 13; 15,12–15).

5. Was kann es heute für die Gemeinde heißen, dass das Volk Gottes zur Zeit des Hiskia die Gerichtsbotschaft empfing? Damals meinten die Menschen angesichts der in sie einbrechenden Feinde, ihre Probleme durch Aktivismus und happenings lösen zu können, anstatt Buße zu tun und umzukehren: „Und ihr saht, dass viele Risse in der Stadt Davids waren, und sammeltet das Wasser des unteren Teiches. Ihr zähltet auch die Häuser Jerusalems und brachet sie ab, um die Mauer zu befestigen, und machtet ein Becken zwischen beiden Mauern für das Wasser des alten Teiches. Doch ihr saht nicht auf den, der solches schafft von ferne her. Zu der Zeit rief Gott, der Herr der Heerscharen, dass man weine und klage und sich das Haar abschere und den Sack anlege. Aber siehe da, lauter Freude und Wonne, Rinder töten, Schafe schlachten, Fleisch essen, Wein trinken: ‚Lasset uns essen und trinken, denn morgen sterben wir sowieso ...'“ (Jes. 22,9–13)! Die Menschen kamen in ihrem vermes-

senen Machbarkeitswahn zu allem möglichen Aktivismus zusammen, aber sie suchten nicht die Gegenwart Gottes.

Weg vom Wort: Psychologie, Theater und Kunst – Stützen für die Predigt?

(*von Bernhard Kaiser*)

1. Einleitung

„Im Anfang war die Tat!“
„Gefühl ist alles.
Name ist Schall und Rauch ...“ (Goethe, Faust I)

Diese zwei Zitate aus Goethes Faust zeigen schlaglichtartig, in welche Richtung die Kultur der Moderne geht: *weg vom Wort*. Der Zusammenhang, in dem sie stehen, unterstreicht dies. Die Bewegung „weg vom Wort“ – hin zum Bild, zum Gefühl oder zum Erlebnis prägt unser persönliches Denken, unsere Erwartungen und die uns umgebende Kultur. Man beachte, wie zum Beispiel die Pop- und Rockmusik seit den sechziger Jahren vornehmlich vom Rhythmus bestimmt ist. Zusammenhängende Texte treten zurück, Textfetzen werden ausgeschrien oder hervorgestöhnt. Sie sollen mehr die menschliche Befindlichkeit ausdrücken als Inhalte kommunizieren. Der postmoderne Mensch, der nicht mehr glaubt, dass es Wahrheit gibt, hat sich darauf eingestellt, auf seine Befindlichkeitslage hin angesprochen zu werden. Er unternimmt vieles, um sein Wohlbefinden zu steigern. Darum stelle ich die Frage: Reicht es in der evangelistischen Verkündigung, nur zu predigen? Ist es sinnvoll, Menschen je nach Situation zwanzig, dreißig oder gar sechzig Minuten lang anzupredigen, um sie zu überzeugen, dass sie sich bekehren und an Christus glauben sollen?

Der Mensch, der selbst frei bestimmen will, was er denkt und fühlt, empfindet eine Predigt eher als eine Zumutung. Als besondere Zumutung oder gar als inhuman empfindet er es, wenn ihm gesagt wird, was er in religiöser Hinsicht denken und tun *soll*. Unsere postmoderne Kultur überlässt die Religion ganz und gar der freien Selbstbestimmung. Eine Predigt, die auf Umkehr zielt, ist nicht mehr erwünscht. Allenfalls ist ein repressionsfreier Dialog über religiöse Gefühle oder Überzeugungen gestattet.

Auch der vom postmodernen Denken bestimmte Evangelikale gerät hier in eine Sackgasse. Er hat kein autoritatives Wort mehr, er glaubt nicht mehr an die Kraft des Wortes und an die Kraft Gottes im Evangelium. Darum lautet sein Programm: *Bekehre nicht – lebe!* – so der Titel eines bekannten Buches aus der Willow-Creek-Serie. Man solle das Christsein vorleben, um andere anzustecken. Die eigentliche Kommunikation solle auf der Ebene des Lebens stattfinden. Das aber heißt: Mission ist Selbstdarstellung.

Nicht wenige Pfarrer und Prediger fühlen sich arm bei dem Gedanken, nur das Wort zu haben. Sie empfinden das Wort als unzureichend. Sie predigen, und es geschieht nichts – weder in der Gemeinde, noch in der Seelsorge, noch in der Jugendarbeit. Sie kommen zu dem Schluss, dass das Wort toter Buchstabe sei, den man mit anderen Mitteln erwecken müsse. Neue Methoden müssen her, die dem Wort die Kraft geben sollen. Diese Methoden stehen nicht offen *gegen* das Wort, aber sie führen *weg vom Wort.*

2. Was tritt neben die Predigt oder an deren Stelle?

2.1. Die Verleiblichung des Wortes im Bibliodrama und im Tanz

Das Bibliodrama ist eine besondere Art des Umgangs mit der Bibel und findet seit gut zwanzig Jahren Eingang in die kirchliche Erwachsenenbildung, Jugendarbeit, Gottesdienstgestaltung und Seelsorge (Gruppentherapie). An einigen Universitäten steht es im regulären Vorlesungsplan des Theologiestudiums. Beim Bibliodrama geht es um die Überführung des Wortes in die leibliche Dimension. Der Grundgedanke ist, dass man das Wort nicht nur intellektuell erfasst, sondern dass man es ganzheitlich aufnimmt, indem der Leib bei der Aufnahme des Wortes aktiv beteiligt wird.

Wie sieht das praktisch aus? Man trifft sich als eine Gruppe etwa im Gemeindehaus oder auf einer Freizeit mit dem Ziel, die Bibel leiblich zu erfahren. Man liest einen Bibeltext und versucht wahrzunehmen, welche Gefühle er erzeugt und zu welchen leiblichen Ausdrucksformen er motiviert. Das Gefühl, die innere seelische Bewegung und der künstlerische Ausdruck im Malen und Tanzen werden als Instrumente einer tieferen Aufnahme des Textes herangezogen. Die Bilder und Gefühle, die der Text erzeugt und die vom Leser an den Text herangetragen werden, werden mit künstlerischen Mitteln und für andere sichtbar ausgedrückt. Im Tanz, in der rhythmischen Bewegung, in der Wahrnehmung der Gefühle und im szenischen Spiel will man Gott erleben. In diesen sei, so die Annahme, Gott gegenwärtig. Gott wird sozusagen ästhetisiert: er wird sinnlich wahrgenommen, und zwar in der schönen, kreativen Äußerung. Anhand dieser Äußerung soll der andere Mensch neue Erkenntnisse gewinnen. Die Ästhetik will die Einseitigkeit einer Worttheologie um die Einsehbarkeit Gottes in der leibhaften, künstlerischen Darstellung erweitern.

Walter Wink, einer der frühen Vertreter dieser Art von „Bibelauslegung“, sagt: „Solche Übungen gehen weit über die Frage hinaus, was der Text für uns bedeutet; sie ‚somatisieren‘ den Text, das heißt, sie bewirken, dass die durch ihn hervorgerufenen Einsichten als im eigenen Leibe ‚erlebte Gefühle‘ empfunden werden. Wenn dieses Gefühl so lange andauert, bis es durch künstlerische Gestaltung oder durch Nachspielen bzw. durch das Artikulieren objektiviert worden ist, dann ist die Wahrheit, die in dem Text enthalten ist, der Inkarnation in unserem eigenen Leibe ein gutes Stück näher gekommen."[1]

Man kann also sagen: Der Leib ist der Ort, an dem Gott erfahren wird, der Ort der Bibelauslegung. Er ist aktiv an der Bibelauslegung beteiligt!

Wie ist das zu bewerten?
(1) Wir haben es hier mit einer neuen Variante natürlicher Theologie zu tun. Der Leib wird als Quelle religiösen Erlebens dem Wort zugeschaltet. Das Wort allein reicht nicht. Es reicht auch nicht, dass der Mensch das biblische Wort hört und darauf vertraut. Das Wort muss erst in der geschilderten Weise den Leib zu bestimmten Aktionen oder Reaktionen motiviert haben, bevor es richtig angekommen ist.

(2) Das Ganze ist ein weiterer Versuch, den vom modernen Menschen empfundenen geschichtlichen Abstand zum biblischen Text, den „garstigen Graben", von dem Lessing sprach, zu überbrücken. Dabei setzen die „Bibliodramaturgen" voraus, dass Kommunikation nicht nur verbal geschieht. Der Text spricht auch die Tiefenschichten des Menschen an, eben seine Gefühle und Empfindungen, seine vorbewussten und unbewussten Schichten. In diesen

---

1) Walter Wink, *Bibelarbeit: ein Praxisbuch für Theologen und Laien.* Stuttgart u.a.[Kohlhammer] 1982, S. 33.

könne der Mensch unmittelbar mit Gott in Verbindung treten, ja hier sei der Mensch eigentlich göttlich. Die tiefenpsychologische Dimension ist gleichsam unmittelbar zu Gott. Hier wird ganz offensichtlich das, was die Bibel über die Innenseite des Menschen lehrt, verlassen.

(3) Hier wird auch der von Gott ganz offensichtlich beabsichtige Kommunikationsweg verlassen. Es geht nicht mehr darum, das Wort richtig zu verstehen, sondern es tiefer wirken zu lassen. Doch dabei verdampft das Wort in seiner Klarheit und Eindeutigkeit. Es verfehlt seinen Zweck, einen Menschen zum Umdenken zu bewegen. Es soll auf die Dimension des Gefühls wirken, subjektive Emotionen und Empfindungen hervorrufen, und diese werden dann als adäquates Verstehen angesehen.

(4) Aus dem Menschenbild ergibt sich, dass alle Menschen am Bibliodrama teilnehmen können. Das Bibliodrama wird so zu einer „demokratischen Exegese mündiger Christen".[2] Indem diese Prozesse in der Regel in Gruppen ablaufen, wird erreicht, dass es viele Möglichkeiten gibt, den Bibeltext aufzunehmen. Zwar werden diese durch den jeweils vorliegenden Text als solchen begrenzt, aber mit der bewussten Aufnahme der subjektiven, individuellen Aufnahme des Textes stellt sich zwangsläufig

---

2) Hildrun Keßler, *Bibliodrama und Leiblichkeit. Leibhafte Textauslegung im theologischen und therapeutischen Diskurs.* Stuttgart u.a. [Kohlhammer] 1996, S. 183.

eine Vielfalt im Verstehen ein, wie sie für das postmoderne Denken charakteristisch ist. Diese Vielfalt ist wesenhaft für das Bibliodrama. Die Einheit kann dann nicht mehr im Wort, im gemeinsamen wortgebundenen Verstehen des Textes gesucht werden, sondern darin, dass man tolerant ist und gelten lässt, wie der andere den Text versteht. Die Einheit wird sogar auf der leiblichen Ebene gesucht: im gegenseitigen Ertasten, im Verspüren der warmen Hand des bzw. der Nächsten, in der gegenseitigen Umarmung oder eben im gemeinsamen Tanz. Die Gruppe spendet Trost, gewährt Nähe, äußert Kritik, nimmt den einzelnen an und ist der Ort, an dem Gott erlebt wird.[3] Die Gruppe ist der Raum, in dem Gott gegenwärtig ist. Gott geht gewissermaßen in die gruppendynamischen Prozesse ein. Doch auch dies kann nicht als eine schriftgemäße Anschauung angesehen werden.

2.2. Die Kunst

Kunst gehört zu den geschöpflichen Fähigkeiten eines Menschen. Es ist nichts dagegen einzuwenden, dass sie auch in die religiöse Sphäre hineingenommen wird, dass religiöse Motive in ihr dargestellt werden oder dass religiöses Empfinden in ihr ausgedrückt wird. Das gilt sowohl für die Malerei, als auch für Theater und Film, als auch für die Musik. Ich lege Wert darauf, dies vorab festzustellen,

---

3) Vgl. *a.a.O.,* S. 180.

denn solche Äußerungen einer christlichen Kultur sind legitim, wenn sie dem Gegenstand, der dargestellt wird, angemessen sind.

In der Bewertung und Einordnung dieser Dinge ist es aber ganz wesentlich, die rechte Reihenfolge und Beschaffenheit der einzelnen Schritte zu sehen: An erster Stelle steht das biblische Wort in seiner Klarheit. Es kommt zu uns und führt uns zum Glauben, wann immer es Gottes Heilsratschluss entspricht. Der Glaube wird erkennbar am Bekenntnis mit dem Mund und an seinen Früchten.

Doch dann mag es sein, dass der Christ seinen Glauben und die von ihm getragenen Überzeugungen auch in künstlerischen Formen ausdrückt, etwa in einem Gemälde oder einem Musikstück. Dabei muss klar sein, dass Kunst nicht Verkündigung des Evangeliums ist und sein kann. Sie kann zwar etwas Diesseitiges veranschaulichen, aber den unsichtbaren Gott oder das Heil in Christus kann sie nicht darstellen, jedenfalls nicht direkt. Ich will das an einigen Beispielen zeigen.

(1) Mit den Mitteln der *Malerei* kann man wohl eine Kreuzigungsszene malen, wie es etwa Matthias Grünewald auf dem bekannten Bild vom Isenheimer Altar getan hat. Aber dass Jesus *für die Sünden der Welt* starb, kann man nicht malen. Hier liegt eine ihrer Grenzen. Ein Gemälde ist nur wortloser Ausdruck des Glaubens. Aufgrund seiner Wortlosigkeit

kann es auch nicht predigen und einen Menschen zum Glauben führen. Ein Gemälde kann das Wort nicht klarer machen oder in seiner Wirkung verstärken, eben weil es nicht redet. Dies ist eine weitere Grenze. Wahrscheinlich hat Grünewald dies auch empfunden. Bekanntlich malte er die Kreuzigungsszene in großer Eindrücklichkeit und Detailliertheit. Er stellte Johannes den Täufer unter das Kreuz, der mit seinem großen Zeigefinger auf den Gekreuzigten weist, aber er bediente sich des *Wortes*, um zu sagen, was er ausdrücken wollte: Er schrieb auf das Bild zu dem auf Jesus weisenden Johannes dem Täufer in lateinischer Sprache: „Er muss wachsen, ich aber muss abnehmen!“

(2) Ähnlich verhält es sich bei der *Pantomime*. Ich kann nicht bestreiten, dass sie eine Form der Kunst ist und auch einen gewissen Unterhaltungswert hat. Sie kann darstellen, was der Zuschauer schon kennt und in der Pantomime wiedererkennt, oder es bleibt der Phantasie des Zuschauers überlassen, sich aus dem, was er sieht, einen Reim zu machen. Zum Glauben rufen oder zu Christus führen kann sie nicht, weil das, was von Christus zu verkündigen ist, eben *gesagt* werden muss. Das aber widerspricht ihrem Wesen: weil sie wortlos ist, kann sie nicht im Dienst des Wortes stehen. Sie ist daher für die Evangelisation ungeeignet.

(3) Hier ist auch über den Einsatz von *Filmen, Theaterszenen und Sketchen* zu sprechen. In die-

sen spielt das Wort offensichtlich eine größere Rolle als im Bibliodrama, der Malerei oder der Pantomime. Neben die Predigt tritt hier die szenische Darstellung. Diese kann zum Beispiel die Kreuzigungsszene nachstellen und – analog zu Grünewalds Text auf dem Bild – einen Sprecher sagen lassen, dass Jesus für die Sünden der Welt gestorben ist. Dagegen ist an sich nichts einzuwenden. Das Problem bleibt aber die szenische Darstellung als solche. Indem sie nur die sichtbare Seite des Geschehens wiedergeben kann, kann sie beim Zuschauer unterschiedliche Formen der Betroffenheit hervorrufen: Wut über das Jesus widerfahrende Unrecht, starke Emotionen bei der Darstellung der Folter, Abscheu über dem menschenverachtenden Charakter des Geschehens, Stolz auf die Heldenhaftigkeit Jesu oder Mitleid mit dem Opfer. Möglicherweise führt sie zu einem positiven Solidarisierungseffekt und weckt den Wunsch: Ich will mit Jesus den Weg bis zum Ende gehen – was immer das im einzelnen bedeuten mag. Es kommt also in unterschiedlicher Weise zu einer Identifikation oder Nicht-Identifikation mit dem, was im Film gezeigt wird. Das aber ist nicht das Ziel der evangelistischen Verkündigung. Diese nämlich will Glauben schaffen. Glaube aber kann nicht aus einer szenischen Darstellung kommen, sondern er kommt aus den Verheißungen Gottes. Diese kann sie von ihrem Wesen her nicht darstellen. Sie steht hier vor denselben Grenzen wie auch die Malerei.

An anderer Stelle geht die szenische Darstellung über die Bibel hinaus. Sie importiert haufenweise Menschliches in die Verkündigung, das nicht im Interesse der biblischen Predigt steht. Ich verweise hier auf die emotionale Seite, die bei einem Film immer eingeschlossen ist. Zum Beispiel: In einem Jesus-Film bedarf es eines Darstellers der Person Jesu. Wenn dieser Darsteller ein schöner, attraktiver Mann ist, dann wird er auf die Zuschauer und Zuschauerinnen einen anderen Eindruck machen als ein hässlicher Mann. Allein die Tatsache, dass er einen Eindruck hinterlässt, der auf die Zuschauer wirkt, geht über die Bibel hinaus. Dies zu übersehen, wäre blauäugig. Mit solchen Mitteln bewusst auf die Zuschauer einwirken zu wollen, grenzt an Manipulation und ist verwerflich.

Die szenische Darstellung hat ferner in den seltensten Fällen das Evangelium zum Gegenstand. Meistens stellt sie Menschen dar, die auf das Evangelium reagieren. Indem sie dieses tut, bringt sie weder das Evangelium selbst noch den Glauben, sondern allenfalls Früchte des Glaubens zur Darstellung. Wenn nun jemand meint, damit Menschen für das Evangelium interessieren zu können, begibt er sich aufs Glatteis. Er ist gezwungen, die menschlich positive, attraktive Seite des Christseins zur Darstellung zu bringen, um einen positiven Effekt zu erreichen. Also stellt er den heilen Menschen dar. Er richtet damit die Erwartungen der Zuschauer auf die sichtbaren Effekte des Evangeliums, die so, wie sie dargestellt sind, nicht oder nicht ausdrücklich von Gottes Wort verheißen sind.

Nehmen wir an, im Film wird dargestellt, wie durch den Einfluss des Evangeliums eine Ehe, die im Begriff steht, geschieden zu werden, wieder heil wird. Damit wird beim Zuschauer die Erwartung geweckt, dass es bei ihm genauso geht, wenn er sich in einer ähnlichen Situation befindet. Die Botschaft lautet also: „Wenn Du Dich mit Jesus einlässt, kannst Du erleben, dass auch Deine Ehe wieder gelingt." Lässt sich ein Zuschauer darauf ein, dann erwartet er natürlich, dass er mit seiner Bekehrung auch seine Ehe rettet. Er begibt sich damit unter ein Erlebnis- oder Erfahrungssoll, das in seinem Wesen nicht den Charakter einer Verheißung hat. Das wird vor allem dann offenbar, wenn die erwünschte Heilung der Ehe *nicht* eintritt. Dann wird er entweder alles daransetzen, seine Ehe doch noch zu retten, oder er wird Zweifel an seinem Heil bekommen und sich vielleicht enttäuscht von Christus abwenden, weil die erwünschte Erfahrung ausbleibt. Mit diesen Folgen führt der Filmemacher oder Theaterspieler gerade nicht zum Glauben an Christus und die Zusagen des Evangeliums, sondern er führt die Gefühle und Erwartungen auf Abwege.

Allerdings: In dem Maße, in dem in einem Film Gottes Wort *gesagt* wird, ist es auch möglich, dass Menschen zum Glauben kommen. Gottes Wort ist nicht gebunden und kann auch in einem Film – trotz der szenischen Darstellung und entgegen aller möglichen falschen Assoziationen und Interpretationen seitens der Zuschauer – Glauben schaffen. Das rechtfertigt allerdings den Film als Medium nicht.

Kunst kann nicht verkündigen.[4] Kluge Köpfe haben das mittlerweile gemerkt. Aber weil die gegenwärtige Unterhaltungs- und Erlebnisindustrie beim postmodernen Menschen so gut ankommt und weil jene im Namen des Evangeliums nicht darauf verzichten wollen, siedeln sie sie im Bereich der Prä-Evangelisation an, also im Vorfeld der eigentlichen Verkündigung. Sie soll die Hörer auf die Botschaft einstimmen, sie aufschließen und Interesse wecken an dem, was „dahinter steht". Es ist so, als wollten sie einem Menschen das Schachspiel beibringen, aber weil er nur Mensch-ärgere-dich-nicht kennt, spielen sie zur Einstimmung erst einmal Mensch-ärgere-dich-nicht auf dem Schachbrett, in der Hoffnung, dass der Spielgefährte zu der Frage kommt, was man noch alles mit den Schachbrett machen kann. Es ist dies ein sinnloser Umweg.

---

4) Vgl. besonders Manfred Hausmann, „Kann Kunst verkündigen?". In: Reuter, W. (Hg.) *... und bis ans Ende der Welt.* Festschrift für G. Bergmann Neuhausen-Stuttgart [Hänssler] 1974, S. 211–215. Hausmann kritisiert besonders den ästhetischen Zauber und die Faszination des Kunstwerks und kommt zu dem Schluss: „Wo Kunst ist, kann keine Wirklichkeit, kein eigentlicher Ernst des Lebens sein." (*a.a.O.*, S. 212).

Dass solche Dinge heute trotzdem in die Verkündigung eingebaut werden, hat wohl mehrere Gründe:
(1) Unsere Kultur ist wortfeindlich und bildfreundlich, sie ist dem Denken ab- und dem sinnlich-unmittelbaren Erleben zugeneigt. So versucht die Evangelisation, dem am Bild orientierten Stil der Zeit zu folgen. Dies geschieht formal dort, wo das Bild neben das Wort gestellt wird: in Filmen, Bildbänden und Theaterszenen. Pantomime in der Evangelisation ist nichts anderes als ein Symptom der generellen Ablehnung des Wortes in unserer Kultur.

(2) Ein weiterer Grund liegt wohl in unserem Verständnis vom christlichen Glauben als Leben. Glauben ist aus der Sicht der Aufklärung und der Romantik eine Lebensbewegung, die aus dem Inneren des Menschen kommt. Glaube ist für den (post-) modernen Christen nicht das Vertrauen auf das gegebene Wort, so wie bei Abraham (Röm. 4,20–21). Der Begriff Glauben kommt in seinem religiösen Vokabular kaum noch vor. Er will Jesus praktisch erleben, von ihm berührt werden, motiviert werden, seine Stimme hören, Führung erleben und natürlich auch gehorsam sein. Die Lebensbewegung passt viel besser zu einer anschaulichen Darstellung – der Glaube an den unsichtbaren Gott allerdings nicht.

(3) Mit dem Einbeziehen künstlerischer Elemente in die christliche Predigt verbindet sich die Erwartung, dass der Hörer für das Wort aufgeschlossen wird.

Man meint, den Menschen auf einer vor-wörtlichen Ebene positiv für das Evangelium vereinnahmen zu können. Die szenische Darstellung oder die Bildmeditation soll entweder den Hörer so aufbereiten, dass er die folgende Predigt besser versteht, oder selbst schon ein tieferes Verstehen des Wortes vermitteln. Unausgesprochen geht man davon aus, dass das gepredigte Wort unzureichend ist und dass es der Stütze oder der Ergänzung bedarf, um wirksam zu werden. Oder hat man das Gefühl, das Evangelium sei nicht wirklich eine gute, sondern eher eine schlechte oder unpassende Botschaft, die mit den beschriebenen Zutaten attraktiver gemacht werden müsste?

Fazit: Die hier beschriebenen Methoden können nur das Sichtbare reflektieren. Es liegt in ihrem Wesen, dass sie den unsichtbaren Gott und die Verheißungen des Evangeliums nicht darstellen können. Darum tendieren sie dahin, den Abdruck darzustellen, den Gottes Wort beim Menschen bewirken kann. Die Darstellung eines religiös bewegten Menschen aber ist noch keine Evangelisation. Man kann nicht evangelistisch tanzen, selbst wenn man von Jesus voll begeistert ist. Der Außenstehende kann es nicht verstehen, weil er den Grund der Begeisterung nicht sieht. Dies war das Problem von Michal, Sauls Tochter und Davids Frau: David tanzte hinter der Bundeslade, weil er sich freute, dass sie nun nach Jerusalem kam. Aber Michal hatte dafür kein Verständnis. Sie verachtete ihn (2Sam. 6,14–16). Wenn

Gott es sich hat angelegen sein lassen, am Anfang aller Dinge zu reden, wenn er uns Christus im Wort vom Kreuz zueignet, und wenn Christus selbst geboten hat, das Evangelium zu predigen, dann hat kein Mensch das Recht, andere Weisen neben dem Wort oder ohne Wort zu erfinden, um zu evangelisieren.

2.3. Die Psychologie

Auch die Psychologie findet Eingang in die Predigt. Dies darf uns nicht verwundern, denn die Psychologie prägt unser Menschenbild ganz nachhaltig. Psychologie oder psychologische Kategorien werden uns in den Medien und Schulen geradezu automatisch mitgeliefert, sobald über den Menschen gesprochen oder ein Mensch speziell betrachtet wird. Wer sich in irgendeiner Form für den Menschen interessiert, wird sich auch für die Psychologie interessieren. Die Psychologie fragt nach der Seelenlage des Menschen und erklärt sein Verhalten aus dieser. Geht man heute mit einem bestimmten Menschen um, dann will man dessen Prägung in der Kindheit kennen, seine geheimen oder offen ausgesprochenen Wünsche, seine Probleme, seine Komplexe und seine Konflikte. Es wundert einen nicht, wenn sich auch die moderne Predigt für die Seelenlage des Menschen interessiert, und zwar besonders, wenn er als sogenannter Gottesdienstbesucher oder Predigthörer in Erscheinung tritt. Indem sowohl auf die Erwartungen als auch auf die

Probleme, die die Hörer haben, eingegangen wird, versucht man, deren Interesse zu sichern.

Aber mehr noch: Ihre Probleme werden auch psychologisch behandelt. Das Evangelium wird in den Dienst eines therapeutischen Prozesses gestellt. Unausgesprochen wird dabei vorausgesetzt, dass der heile Mensch, wie ihn die Psychologie beschreibt, derselbe ist wie der, der durch das Evangelium gerettet ist. Das aber heißt im Klartext: Das Evangelium und seine Frucht wird von der Psychologie, ihren Inhalten, Zielen und Methoden überfremdet. Dies geschieht dann, wenn der Prediger den Menschen so behandelt, wie es in unserer Kultur üblich geworden ist: nicht in erster Linie als einen Sünder, sondern als einen individuellen Menschen, der zwar einige psychische Probleme hat, aber sich mit Hilfe biblischer Imperative und psychologischer Einsichten neu orientieren kann. Der Wunsch des Menschen ist es, ein seelisch gesunder, heiler und ganzer Mensch zu sein. Er fragt dabei nach innerer Heilung. Er fühlt sich von seiner Umwelt (seinen Eltern, Geschwistern, Kollegen, Vorgesetzten usw.) verletzt und erwartet, dass das Evangelium sowohl die eigenen Wunden als auch die zerbrochenen Beziehungen heilen kann. Er will sich wieder wohl fühlen und wieder Kraft zum Leben haben. Das ist die – an sich nicht unrechte – Erwartung, die er hat und die er an den christlichen Glauben heranträgt.

Akzeptiert man als Prediger einen psychologisierenden Ansatz, dann ist das Resultat eine Vereinseitigung der Botschaft und manchmal sogar deren Verfälschung. Verfälscht wird das Evangelium dann, wenn die Erwartungen der Hörer zum einzigen Inhalt der Erlösung in Christus gemacht werden. Wenn also Christus zum Therapeuten gemacht wird, der mit seinen Ratschlägen die seelischen Wunden und die zwischenmenschlichen Beziehungen heilt, dann wird das Evangelium verdreht. Wenn der eigentliche Inhalt der biblischen Botschaft – Schöpfung, Sünde, Christus, Rechtfertigung, Glaube, ewiges Leben – nicht mehr wahrgenommen wird oder nicht mehr trägt, dann wird ein anderes Evangelium gepredigt und es werden falsche Christen und eine falsche Kirche erzeugt. Es mag sein, dass man noch von der Heilung der Beziehung zu Gott spricht, aber diese verblasst, weil von Gottes Heiligkeit, der Rechtfertigung und dem Glauben nicht mehr gesprochen wird und weil nicht mehr gezeigt wird oder werden kann, wie aus der Rechtfertigung und dem Glauben das neue Leben kommt.

Nun wird der Christ, der seine Bibel kennt, sogleich hinzufügen, dass doch auch die Heiligung Inhalt der neutestamentlichen Botschaft sei. Das ist richtig. Doch Heiligung ist nicht dasselbe wie innere Heilung. Heiligung ist nach der Schrift ein Leben im Glauben, ein Leben vor Gott und für Gott, wie es aus dem Glauben kommt. Ohne Frage hat der Glaube eine seelische oder psychische Dimension.

Wenn jemand die Vergebung der Sünden in Christus wirklich versteht, dann werden viele Aggressionen abgebaut, dann kehren Friede mit Gott ein und die Gewissheit, dass Gott nichts mehr gegen einen hat. Dann kann der betreffende Mensch mit seinen Mitmenschen anders umgehen: er wird barmherzig sein und Liebe üben können, wie die Schrift sagt: „So zieht nun an als die Auserwählten Gottes, als die Heiligen und Geliebten, herzliches Erbarmen, Freundlichkeit, Demut, Sanftmut, Geduld; und ertrage einer den andern und vergebt euch untereinander, wenn jemand Klage hat gegen den andern; wie der Herr euch vergeben hat, so vergebt auch ihr!" (Kol. 3,12)

Wenn aber die Erwartung der inneren Heilung an das Evangelium herangetragen wird, wenn die seelischen Verletzungen nicht im biblischen Sinne eingeordnet und bewältigt werden, dann ist zu befürchten, dass ein falsches Evangelium gepredigt wird. Das heißt: Wenn psychologische Kategorien herangezogen werden, um das Problem eines Menschen zu diagnostizieren und die Zielvorgabe der „Seelsorge" zu bestimmen, und wenn psychotherapeutische Schritte vorgenommen werden, es zu lösen, dann hat man nicht mehr eine schrift- und evangeliumsgemäße Predigt, sondern dann hat man eine christlich lackierte Psychotherapie. Heiligung wird dann durch die Psychotherapie vereinnahmt.

Die Resultate von Therapie und Heiligung mögen bei formaler Betrachtung ähnlich sein, doch die Methoden sind verschieden. In der Therapie geht es um ein aktives Arbeiten an sich selbst. Der Klient soll sich aus seinen natürlichen Fähigkeiten heraus neue Verhaltensweisen angewöhnen. In der Heiligung geht es gerade nicht um das Trainieren bestimmter Verhaltensweisen, sondern um ein Handeln aus der Erkenntnis Christi heraus. Barmherzigkeit, die aus der Erkenntnis der Barmherzigkeit Gottes in Christus erwächst, die im Glauben empfangen wird, ist etwas anderes als ein antrainierter sanfter Umgang mit dem Mitmenschen, der aus einer christlich garnierten Menschenfreundlichkeit kommt.

Die Motive für die Aufnahme der Psychologie können verschieden sein:

(1) *Besseres Verstehen des Hörers und Abstimmung auf seine Erwartungen.* Man möchte dem Hörer entgegenkommen, ihn in den ihm eigenen Kategorien verstehen, bei seinen von ihm empfundenen Problemen anknüpfen und auf diese Weise sichern, dass ihm das Evangelium bedeutungsvoll erscheint. Also übernimmt man das psychologische Denk- und Erwartungsschema des Hörers, ohne dass man sich allzu viel dabei denkt – angeblich, um ihm darauf bezogen das Evangelium zu sagen. Das mag ein gutes Motiv sein, aber es verkennt, dass die Probleme des Hörers in den Augen Gottes zumeist andere sind. Es ist nicht die mangelhafte Befindlich-

keitslage des Hörers, sondern es sind seine Sünden, die ihn von Gott trennen und ihn seinem Nächsten entfremden. Nun hat der Prediger die Sicht Gottes zu vertreten und nicht die Erwartungen des Hörers zu befriedigen. Selbst wenn Gottes Heilsgabe auch die Erwartungen des Hörers erfüllt, so ist doch Gottes Sicht die Maßgabe. Im anderen Fall erzeugt der Prediger einen defizitären Glauben, einen Glauben, der in seiner Einseitigkeit problematisch oder ganz offen falsch ist.

(2) *Manipulation des Hörers.* Anders als im vorgenannten Fall ist die Aufnahme psychologischer Kategorien in die Verkündigung mit dem Zweck, den Hörer zu beeinflussen, verwerflich. Ich meine damit, dass der Hörer in seinem Herzen dann nicht mehr vor dem Angesicht Gottes steht, sondern dass andere Faktoren sein Denken und Entscheiden bestimmen: Der Eindruck der Professionalität der Veranstaltung, des Erfolgs, den der Prediger hat, des Gewinns, den man in der Begegnung mit dem Prediger gewinnt, ferner die seelische Vereinnahmung durch eindrucksvolle Filme oder Theaterstücke, unter die Haut gehende Erlebnisberichte oder Lieder, die das Gefühl ansprechen, die die Seelenlage des Hörers aufnehmen und seine Gefühle in eine bestimmte Richtung lenken. Hier wird die Freiheit, in die die rechte, biblische Verkündigung einen Menschen stellt, preisgegeben. Wenn der Hörer darauf positiv reagiert und sich „für Jesus entscheidet", dann wird der Prediger eine solche Manipulation

rechtfertigen nach dem Motto „Der Zweck heiligt die Mittel“. Ich bezweifle aber, ob alle „Entscheidungen“, die auf diese Weise zustande kommen, wirklich vom Heiligen Geist gewirkt sind, und ob sie wirklich zum Glauben an den gekreuzigten und auferstandenen Christus führen.

Nehmen wir schließlich an, dass ein Pastor und eine Gemeinde programmgemäß auf die Erwartungen des Hörers in der Weise eingehen. Sie vermitteln ihm das Gefühl, er sei akzeptiert, so dass sich dieser in der Gemeinde wohl fühlt. Sie bieten ihm ein abwechslungsreiches Programm, wie er es vom Fernsehen her gewohnt ist. Er findet in der Gemeinde stabile soziale Kontakte und Hilfe, wenn er sie braucht – etwa beim Umzug, bei Krankheit oder in den vielen kleinen und großen Sorgen des Alltags. Wenn dieser Hörer *deswegen* positiv auf die Botschaft reagiert und Mitglied der Gemeinde wird, dann haben wir es ebenfalls mit einer manipulierten Bekehrung zu tun. Eine solche ist eigentlich keine Bekehrung, wenn der Glaube an Christus fehlt oder nicht auf dem Boden des Evangeliums steht.

2.4. Das Leben

Der Gedanke, dass es das Leben sei, was die Evangelisation voran bringe, ist nicht neu. Er findet sich bereits bei Schleiermacher,[5] der die christliche Verkündigung als Selbstdarstellung des Christen verstand. Schleiermacher meinte, von Christus sei eine religiöse Bewegung ausgegangen, die von den Aposteln und den vielen Generationen seither weitergegeben worden sei. Diese Bewegung solle andere Menschen erfassen und sich auf diesem Wege ausbreiten. Diese Vorstellung ist in das Christentum des 19. und 20. Jahrhunderts in breitem Maße eingegangen. Wie bei vielen evangelikalen Gruppen ist auch bei Willow Creek die Lebensbewegung der eigentliche Motor der „Evangelisation". Deswegen finden sich sowohl in der Literatur als auch in den Predigten und Vorträgen von Willow Creek zahllose Beispiele aus dem Gemeindeleben, die berichten, wie das Tun und Lassen von Christen auf andere gewirkt hat. Mit diesen Beispielen wird die These untermauert, dass es das Leben sei, welches wirke. Dazu wird ein Programm geliefert, das das Leben der Gemeinde und ihrer Glieder auf diese Art von Evangelisation hin ausrichten soll.[6]

Der Prediger soll nach der Heiligen Schrift freilich durch seinen Lebenswandel ein Vorbild sein. Der

---

5) D.F.E. Schleiermacher, *Der christliche Glaube* (1831). Berlin [de Gruyter] 1960, S. 309–310. Schleiermacher (1768–1834) war Theologe in Berlin und hat die Theologie des 19. und 20. Jahrhunderts maßgeblich geprägt.
6) Vgl. B. Kaiser, *Das biblische Wort im Willow Creek-Konzept*. In: *Informationsbrief* Nr. 187 der Bekenntnisbewegung „Kein anderes Evangelium", S. 22–24.

Lebenswandel ist, wenn er authentisch ist, die Frucht des Glaubens, der aus dem Wort kommt. Aber er tritt nirgendwo in der Bibel an die Stelle des Wortes. Er wird nicht zum eigentlichen Instrument, um Bekehrungen zu bewirken. Diese sind in ihrem Wesen Frucht des Wortes, und ausdrücklich wird in der Bibel dem Wort die Kraft zugeschrieben, Menschen zu retten.[7] Außerdem: Wo ist der Prediger, der mit seinem Lebenswandel Staat machen könnte? Wo ist der Prediger, der nie im Wort gefehlt hätte, der nicht auch Zeiten der Depression, der Unzufriedenheit, des Neides, der Anfechtung und der Niederlage kennt?

Es ist bezeichnend, dass die Heilige Schrift an etlichen Stellen das Leben der Menschen in seiner ne-

---

7) Es muss allerdings erwähnt werden, dass 1Petr 3,1–2 davon spricht, dass eine gläubige Frau ihren ungläubigen Mann durch einen Wandel ohne Wort gewinnen soll. Das heißt aber nicht, dass das Wort bei der Bekehrung eines Mannes in einer solchen Situation keine Rolle spielen sollte, denn er kann nur glauben aufgrund des gehörten Wortes. Dass aber der Lebenswandel eines Menschen für einen anderen der äußere Anlass sein kann zum Glauben, und dass umgekehrt wider-biblische Verhaltensweisen Anstoß erregen und Anlass zum Unglauben sind, liegt auf der Hand. – In Mt. 5,16 („So lasst euer Licht leuchten vor den Leuten, damit sie eure guten Werke sehen und euren Vater im Himmel preisen“) geht es wohl nicht um die Bekehrung der Menschen, die die Werke der Gläubigen sehen, sondern darum, dass sie Gott loben über den Werken seiner Kinder.

gativen Seite schildert, um Gottes Gnade groß zu machen. Sie tut dies bei David und bei Paulus. Bei David ist seine Sünde und die Vergebung Gottes ein großer Trost für alle Ehebrecher und sonstwie schuldig Gewordenen. Er sagt in Psalm 51,15–19: „Ich will die Übertreter deine Wege lehren, dass sich die Sünder zu dir bekehren. Errette mich von Blutschuld, Gott, der du mein Gott und Heiland bist, dass meine Zunge deine Gerechtigkeit rühme. Herr, tu meine Lippen auf, dass mein Mund deinen Ruhm verkündige. Denn Schlachtopfer willst du nicht, ich wollte sie dir sonst geben, und Brandopfer gefallen dir nicht. Die Opfer, die Gott gefallen, sind ein geängsteter Geist, ein geängstetes, zerschlagenes Herz wirst du, Gott, nicht verachten."

Das ist alles andere als Selbstdarstellung. Ausdrücklich will der Beter die Gerechtigkeit *Gottes* rühmen und die Sünder *Gottes* Wege lehren, damit sie sich bekehren.

Der Apostel Paulus nimmt sich selbst als Beispiel für die freie Gnade Gottes. Doch er erwartet nicht von seiner Selbstdarstellung, dass sie Menschen zum Glauben führt, sondern ausdrücklich vom Wort vom Kreuz, dass es wirkt, damit der Glaube seiner Zuhörer nicht auf Menschenweisheit, sondern auf Gottes Kraft beruhe (1Kor 1 f.).

Daraus zu schließen, man könne getrost sündigen, ist freilich im Licht von Röm. 6,1ff verfehlt. Ich will nur deutlich machen, dass das menschliche Leben in seiner unaufhebbaren Zwiespältigkeit nicht das Mittel zur Evangelisation ist. Auch der Prediger selbst kann sein scheinbar perfektes Christenleben nicht als wirksame Kraft der Evangelisation ausgeben. Was einen Menschen bekehrt, ist das Evangelium, oder sagen wir es noch deutlicher: Gott selbst.

2.5. Das Interesse an der Verpackung

Als die christlichen Missionare in der Zeit der Alten Kirche der griechischen Welt begegneten, sahen sie sich unter anderem mit einer bestimmten Erwartung seitens ihrer Hörer konfrontiert. Der Grieche empfand es als Problem, sterblich zu sein, in einem Leib zu leben, der veränderlich, oft unschön und zum Teil entstellt war. Er suchte Unsterblichkeit. Nun kam das Evangelium und sprach vom auferstandenen Christus, seinem unsterblichen Leib, und verhieß die Erfüllung jener Erwartung. Es ist für jeden Missionar eine Freude, bei seinen Hörern einen Anknüpfungspunkt zu entdecken und mit dem Evangelium Antwort auf ein Bedürfnis zu geben, das er bei den Hörern vorfindet. So wurde damals das Evangelium unter anderem auch dieser speziellen Erwartung angepasst. Heil wurde verstanden als Teilhabe an dem unsterblichen Christus.

Das ist an sich nicht falsch. Aber schauen wir genauer hin. Ignatius von Antiochien reiste im Jahre 114 n. Chr. nach Rom, um dort unter dem Kaiser

Trajan den Märtyrertod zu erleiden. Er sollte den wilden Tieren vorgeworfen werden. Auf seiner Reise schrieb er an mehrere Gemeinden und stellte sich in diesen Briefen als Gottesträger („*Theophoros*") vor. Gottes Leben und das unsterbliche Wesen seien in ihm. Darum ermahnte er die Christen in Rom, dass sie seine Hinrichtung nicht verhinderten. Er wolle als Weizen Gottes zwischen den Zähnen der wilden Tiere gemahlen werden und Brot Christi sein.[8] Auf die Frage, wie Christus in ihn hineingekommen sei, würde er antworten: Durch das Abendmahl. Das Abendmahl sei die „Arznei der Unsterblichkeit."[9] Also: Christsein war für ihn Teilhabe an der göttlichen Substanz. Das war typisch für die Kirche im Osten. Deren Denken kreiste um die Frage: Wie bekomme ich die Unsterblichkeit? Die griechischen Erwartungen bestimmten das, was vom Evangelium gehört und aufgenommen wurde. Auch das Abendmahl wurde auf diese Erwartung hin interpretiert. Von der Rechtfertigung aus Gnaden durch den Glauben, vom rechtlich-stellvertretenden Werk Christi war hier nur wenig zu hören; es spielte keine tragende Rolle. Wir sehen die Vereinseitigung, aus der bald eine Verfälschung des Evangeliums wurde. So ist es, wenn Teilaspekte des Evangeliums hervorgekehrt werden, um auf die Erwartungen von Menschen einzugehen.

---

8) Ignatius, *An die Römer* 4.
9) Ignatius, *An die Epheser* 20.

Auch in der Gegenwart wird gefragt: Was erwartet der Mensch? Wo sind die Stellen, an denen man bei ihm anknüpfen kann? Auf welchen Ebenen kann man ihm begegnen? Entdeckt man einen solchen Anknüpfungspunkt, dann wird das Evangelium darauf bezogen. Die Werbepsychologie kennt diese Anknüpfungspunkte bestens. Bekanntermaßen sind *shows, action, stunts, gags* oder Dinge, die *„cool"* oder *„sexy"* empfunden werden – man verzeihe mir, dass ich hier nicht deutsch reden kann – Dinge, die Aufmerksamkeit erregen, Bonbons, die dem postmodernen Menschen gut schmecken. Also machen sich auch Christen dieses Prinzip zu Eigen und meinen, mit solchen Bonbons Interesse für die biblische Botschaft wecken zu können.

Man gestatte mir einen Vergleich: Die französische Automarke Citroen wirbt für ihr Modell Xsara mit Claudia Schiffer. Eine schöne deutsche Frau und international bekanntes Model soll den Xsara interessant machen. Das Grundmuster ist: die Sache selbst – der Xsara – erregt nicht so viel Aufmerksamkeit; er ist ein Auto unter vielen anderen. Aber man macht ihn interessant, indem man etwas damit verbindet, das der Mensch interessant findet: C. Schiffer. (Sie könnte natürlich genau so gut für einen Mitsubishi oder einen BMW, aber auch für ein Parfüm oder eine Öko-Initiative werben). Dieses Muster wird nun auf die Evangelisation oder die Gemeindearbeit angewendet – mit dem Unterschied, dass bei Citroen Claudia Schiffer *nicht* mitgeliefert wird (nicht auszudenken, was geschähe, wenn dies doch der Fall wäre!) – in der Gemeindearbeit aber die Attraktionen alle vorgetragen werden. Dabei wird das Evangelium als solches nicht ausgepackt, entfaltet und bekannt gemacht, sondern es wird schön handlich und leicht konsumierbar verpackt und ihm fremde Dinge, die Attraktionen, die Bonbons, werden darangeklebt, um es für den modernen Menschen interessant zu machen. Einige Beispiele, jeweils mit einem kurzen Kommentar:

(1) Bei einem Gemeindetag unter dem Wort in Siegen im Jahre 1994 gab es Fallschirmspringen (aus einer Gewitterwolke) und Damenfußball (bei Regenwetter). – Dass diese Aktionen dem Anspruch, Gemeindetag unter dem *Wort* zu sein, widersprechen, ist offensichtlich. Schon damals nannten einige Besucher die Veranstaltung „Gemeindetag unter dem *Sport*."

(2) Eine Gemeinde bestreitet ihre Jugendarbeit mit Techno, Rap und HipHop. Natürlich gibt es bei einem Jugendabend zwischendurch auch geistliche Impulse. Aber diese sollen dadurch attraktiv werden, dass man Jugendliche mit fetziger Musik anlockt. – Wehe, wenn die Jugendlichen einmal aufwachen, das ganze Spektakel durchschauen und ihnen die Hohlheit und Oberflächlichkeit einer solchen Botschaft wirklich bewusst wird!

(3) Gemeinde soll gebaut werden, indem man auf die sozialen und psychologischen Bedürfnisse des Menschen eingeht. Also spricht die Predigt von diesen Bedürfnissen und versucht, auch im Gemeindeleben darauf einzugehen. Man baut die Gemeinde so, dass sie anziehend wirkt, als Ort für gemeinsame Gespräche, für die Entwicklung zwischenmenschlicher Beziehungen und diakonischer Hilfe. – Nicht dass solche Dinge an sich falsch wären, im Gegenteil, schon immer hat die Kirche diakonische Arbeit geleistet, wenn sie auf Gottes Wort gehört hat. Aber wenn diese Dinge zum *Motor* des Gemeindebaus gemacht werden, wenn man also erwartet, dass sie die eigentlichen Faktoren sind, die einen Menschen zum Glauben führen, dann sind sie nicht mehr *Frucht* des Glaubens. Sie werden in einer Weise instrumentalisiert, die ihrem Wesen widersprechen, denn es geht nicht mehr um die dienende Liebe und den sozialen Beistand an sich, sondern sie werden neben der Predigt oder anstelle der Predigt zum Motor der Gemeindearbeit gemacht.

(4) Ganz primitiv ist folgende Sicht: Man greift zu einem besonderen Effekt, um die Leute in eine evangelistische Veranstaltung zu locken – etwa indem man einen prominenten Menschen einlädt, sei er Sportler, Künstler oder Politiker. Er soll die Leute anziehen, natürlich nur, damit sie im Anschluss an seinen Beitrag das Evangelium hören sollen. Also: erst der Promi als Lockvogel, dann die Predigt als

Zugabe. – Die Rechnung wird nicht aufgehen. Zwar werden die Menschen kommen, denn wann hat man schon einen berühmten Menschen in einer christlichen Veranstaltung! Das lässt sich niemand so einfach entgehen. Aber wenn die Erwartungen einmal auf das gerichtet sind, was groß ist vor der Welt und man sich in dessen Licht sonnt, wird das biblische Evangelium kaum eine Chance haben. Nicht, dass sein Licht kleiner wäre, aber es ist ganz anders. Es spricht den Menschen gerade nicht bei seiner Erwartung an, vor der Welt groß heraus zu kommen. Es weist ihn auf den unsichtbaren Christus, der hier auf der Welt war „wie ein Diener" (Lk. 22,27), der erniedrigt wurde bis zum Tod am Kreuz und erst dann erhöht wurde. Überdies macht Gottes Wort den Menschen zum Sünder, es zeigt ihm seine Verlorenheit, bevor es ihn frei spricht und ihm das ewige Leben zusichert. Diese Bewegung jedenfalls ist dem, was Menschen hier und jetzt gerne ansehen, entgegen gesetzt.

Man erweckt den Eindruck, als sei das Evangelium an sich nicht genug. Man tut so, als müssten die unterschiedlichsten Dinge als Bonbons an die Evangelisation oder die Gemeindearbeit geklebt werden, um Interesse zu wecken. Hat man sich einmal für diese Sicht entschieden, dann wird man sich so sehr mit der Verpackung, mit dem, was vom Wort wegführt, beschäftigen, dass der Inhalt der Botschaft sich vielleicht in formal richtigen Sätzen erschöpft, aber im übrigen unvollständig und verschwommen gebracht wird. In vielen Predigten wird dann das Evangelium nur noch am Rande erwähnt. Die biblischen Inhalte jedenfalls tragen nicht mehr.

Da hilft auch nicht der Hinweis, der Verkündiger sei ein bekannter evangelikaler Prediger. Ich erlaube mir, hier zu fragen: Ist die Verkündigung schon deswegen richtig, weil ein evangelikaler Prediger sie vornimmt? Kann dieser nicht irren? Ist er wirklich vor Einseitigkeiten, Verkürzungen und Oberflächlichkeiten gefeit? Ist die evangelikale evangelistische Predigt schon dadurch schriftgemäß, dass sie „evangelikal" ist? Sie ist es nicht, wenn sie auf die Predigt des Gesetzes verzichtet, Sünde nicht aufdeckt, nicht vom gekreuzigten Christus spricht und die Zusagen Gottes, die er mit ihm verbunden hat, nicht nennt und nicht zum Glauben ruft. Sie mag vieles sagen, was richtig ist, aber wenn sie nicht zum Glauben an Christus ruft, sondern sich auf Ratschläge zur christlichen Lebensgestaltung beschränkt, dann liegt sie voll daneben – neben der Schrift.[10]

3. Die biblische Perspektive zur Predigt

Abschließend möchte ich die für die biblische Weise der Predigt wichtigen Eckdaten besprechen.

---

10) Zur inhaltlichen Seite evangelischer Predigt vgl. B. Kaiser, *Christus allein – Ein Plädoyer für den evangelischen Glauben.* Bielefeld [Missionsverlag der Luth. Gebetsgemeinschaften] 1996.

3.1. Das Gebot Jesu

„Geht hin" – so lautet der Befehl Jesu. Natürlich heißt dies, dass man zunächst dorthin geht, wo der andere ist. Man muss den anderen aufsuchen – im Wirtshaus, im Verein, wenn es geht, zu Hause, oder auf der Straße. Das Gebot gilt der ganzen Kirche, aber es gilt besonders denen, die dazu vom Herrn begabt und von der Gemeinde abgeordnet sind: Pastoren und Evangelisten. Sie aber sollen nun nicht allerlei Theater veranstalten, sondern das Evangelium *predigen*. Praktisch heißt das, dass sie von dem *sprechen*, was Gott in Christus offenbart hat und was Christus für die Welt getan hat.

Hingehen heißt natürlich auch, auf den Verstehenshorizont des Hörers einzugehen. Man muss die Sprache sprechen, die er *versteht*. Indem wir ihm auf diese Weise deutlich machen, dass Gott eine Person und der Schöpfer aller Dinge ist und dass er, der Hörer, Gottes Geschöpf ist, stellen wir ihn vor das Angesicht Gottes und beantworten ihm die Frage, wer er eigentlich ist. Indem wir ihm dann Gottes Gesetz verkündigen, sprechen wir ihn bei seiner Lebenswirklichkeit an und zeigen ihm, dass er gegen Gott gesündigt hat, dass er verloren ist und sich nicht retten kann. Indem wir ihm das Werk Jesu erklären und von der Liebe Gottes sprechen, die im Werk Christi offenbar ist, legen wir den Grund für seinen Glauben. Wir müssen dabei auch die Zusagen Gottes nennen und werden ihn zum Glauben und zu der Hoffnung rufen, die das Evangelium verheißt. Bei alledem wird die Botschaft nicht an seine Bedürfnisse angeglichen, sondern er wird vor den Anspruch Gottes gestellt. Es geht um das Recht Gottes, das gegenüber dem Hörer, der ja Sünder und Feind Gottes ist, zur Durchsetzung kommen soll.

Wenn es darüber hinaus sinnvoll oder gar notwendig ist, dem Betreffenden auch in einer menschlichen Notlage zu helfen oder ihm Gutes zu tun, dann soll auch dieses stattfinden. Die helfende Tat liegt im Horizont des biblischen Gebotes der Liebe.

3.2. Die Klarheit und Kraft des Wortes

Der Bundesbürger ist heute mehr denn je außerstande, sich selbstständig zu informieren. Er liest kaum noch Bücher, die von ihm verlangen, zu denken. Dagegen verbringt er mehrere Stunden täglich vor dem Fernseher und konsumiert, was von anderen vorgedacht und in einen ansprechenden Film gebracht worden ist. Diese Entwicklung ist hinsichtlich der Freiheit und Selbstständigkeit des Bürgers erschreckend und ihre kulturellen und politischen Folgen sind auf die Dauer sehr problematisch. Doch wenigstens im Blick auf das Verhältnis des Menschen zu Gott kann eine schriftgemäße Predigt dieses Defizit wettmachen. Sie kann und soll sagen, was die Schrift sagt. Die Kommunikation kann gelingen, ganz gleich, ob der betreffende Hörer gebildet ist oder ein Analphabet. Das Wort als Mittel der Predigt ist bestens geeignet, um klar zu kommunizieren.

Mehrfach habe ich davon gesprochen, dass das Wort heute gering geachtet wird. Aber Gott hat uns sein Wort – die Bibel – gegeben und uns geboten, zu predigen, was er sagt. Das Wort richtet sich nun einmal auf unser Verstehen und den Glauben.

Hinzu kommt, dass Gottes Wort, das Evangelium, die Kraft Gottes ist zur Rettung (Röm. 1,17). Es muss also nicht erst mächtig werden durch den Geist, der zum Wort hinzu tritt, sondern es hat bereits in sich die Kraft, Glauben zu wirken. Es ist lebendig und kräftig und schärfer als ein zweischneidiges Schwert (Hebr. 4,12), es kann selbst die dem Prediger verborgenen aber dem Hörer bekannten Gedanken seines Herzens richten. Daher haben wir mit dem Wort alles, was zur Umkehr nötig ist. Dass es zur Frucht kommt, zum Glauben, steht freilich nicht in der Verfügungsgewalt des Menschen, sondern im gnädigen Heils- und Erwählungsratschluss Gottes. Diese Einsicht erübrigt definitiv den Rückgriff auf zusätzliche Stützen für das Wort.

3.3. Der Mensch als Hörer der Botschaft

Hier stelle ich die Frage nach der Beschaffenheit des Menschen: Wie schätzen wir den Menschen ein, den wir ansprechen? Ist er auf Gott programmiert, sucht er immer schon den Gott der Bibel? Oder befindet er sich im Aufstand gegen Gott? Sind seine Erwartungen auf Gott gerichtet oder auf das, was gegen Gott ist? Die biblische Diagnose ist hier sehr eindeutig. Sie zeigt, dass der Mensch „Fleisch" ist und dass seine fleischliche Gesinnung Feindschaft gegen Gott ist (Röm. 8,7).

Diese Haltung kann man nicht dadurch aufbrechen, indem man „zunächst" positive Empfindungen beim Hörer erzeugt, um ihn zu vereinnahmen und für die eigentliche Verkündigung positiv zu disponieren. Man kann den Menschen nicht durch Dinge, die dem Wort wesentlich fremd sind, also durch eine szenische Darstellung als solche, durch Pantomime oder Rhythmen so „aufbereiten", dass er sich ihretwegen dem Wort öffnet. Es wäre auch widersinnig, mit Mitteln, deren Tendenz „weg vom Wort" ist, zum biblischen Wort hinführen zu wollen. Die Schale des Widerstandes gegen Gottes Wort wird vielmehr von Gott selbst aufgebrochen. Er öffnet das Ohr, so dass ein Mensch hören kann. Mit dem Wort schafft sich Gott selbst den Hörer seines Evangeliums. Dies steht in seiner Souveränität und seiner gnädigen Wahl (vgl. Apg. 13,48).

3.4. Der souveräne Gott

Viele der Dinge, die ich in meiner Darstellung kritisch hinterfragt habe, entsprechen dem Aberglauben von der Machbarkeit aller Dinge. Man meint, man könne und müsse doch dies oder das tun, damit die Gemeinde endlich den „Kick" bekomme und wachse. Dieses Machbarkeitsdenken ist nicht Ausdruck des Glaubens. Es kann und will nicht auf Gottes Werk warten. Es hält Gemeinde für eine organisierbare, für eine machbare Sache, für eine Größe, die man managen kann. Dagegen möchte ich werben für eine Sicht, die ihren Ausgangspunkt bei Gott und seinem Handeln nimmt: Dass wir als Prediger wieder darauf vertrauen, dass Gott selbst Menschen zum Glauben führt, und dass sein Wort ausreicht, um sie zu bekehren.

Das heißt nicht, dass wir die Hände in den Schoß legen. Nein, es bedeutet, dass wir „hingehen", und wenn nötig auch Wege suchen und weite Wege nicht scheuen. Ein Pastor sollte sich nicht auf die routinemäßige Bestandspflege zurückziehen, sondern offensiv auf die Menschen zugehen. Aber das Resultat muss er Gott überlassen. Er kann ihm nicht vorgreifen. Menschen zu einer „Entscheidung für Jesus" zu bewegen, mag machbar sein, aber echter, rechtfertigender und heiligender Glaube ist nicht machbar, sondern Frucht, die Gott nach seinem Willen wirkt. Hier muss der Prediger geduldig Gottes Wort verkündigen und auf Gott warten und hoffen, ob und bis er sein Wort Frucht bringen lässt. Er wird auch nicht müde, seinen Glauben und seine Erwartung an Gott im Gebet auszusprechen, sprich: für die Menschen, mit denen er es in seinem Dienst zu tun hat, zu beten. Gerade im Gebet sucht er Gottes Werk, und er hat teil an Gottes Werk, indem er Gottes Wort rein und treu verkündigt.

„Lasst euch versöhnen mit Gott“ – Der Ruf zum Glauben in der Praxis

(*von Wolfgang Nestvogel*)

1. Einleitung: Einige Klärungsversuche zu Beginn

1.1. Was ist „Praxis“?

Eine humorige Definition aus dem 19. Jahrhundert stellt fest: „Die Praxis ist das Haarfärbemittel der grauen Theorie.“ Demnach bringt erst die Praxis Farbe ins Leben. Allerdings würde es sich dann bei der Gestaltung der Praxis nur um Geschmacksfragen handeln. Die Haare kann man heute bekanntlich in allen möglichen (und unmöglichen) Farbtönen manipulieren. Soll also in der Praxisgestaltung jeder nach Belieben auswählen? Ist die Praxis vor allem eine Sache des Geschmacks und persönlichen Stils? Ist die Diskussion um verschiedene praktische Formen der *Verkündigung* dann nur eine Auseinandersetzung über Geschmacksurteile und deshalb nebensächlich?

Was ist *Praxis*? Das Lexikon bietet eine Definition für dieses griechische Wort: „Ausübung, Anwendung“. Demnach wäre Praxis die *Konsequenz*, die logische Folge aus etwas anderem, das der Praxis vorangeht! Dann handelte es sich gerade nicht nur um Stil- und Formfragen, sondern um die schlüssige Anwendung und Ausübung eines vorausliegenden Grundprinzips. Dann müsste man weiter fragen: *Was* kommt da zur Anwendung, *welcher* Grundsatz wird ausgeübt und umgesetzt? In diesem Sinne möchte ich über die *Praxis der evangelistischen Verkündigung* nachdenken und als Ausgangsthese formulieren: *Die praktische Verkündigung erweist sich als die unausweichliche* (*sei es bewusste oder unbewusste*) *Konsequenz bestimmter theologischer Voraussetzungen des Verkündigers.*

Wenn das so ist, dann sollte man sich gut überlegen, welche praktischen Modelle für Verkündigung und Gemeindeaufbau man übernehmen kann – und welche nicht. Denn wer eine bestimmte Praxis zu seiner eigenen macht, wer in vorgegebene Modelle einsteigt, der wird auch von der theoretischen Grundlage dieser Modelle beeinflusst – ob er das will oder nicht. Wer z.B. die methodischen Weichenstellungen des *Willow-Creek-Modells* übernimmt, wird dadurch zwangsläufig von theologischen Vorentscheidungen Bill Hybels' mitbestimmt.[1] Wer sich für die Durchführung von *Alpha-Kursen* entscheidet, transportiert damit – ob er es will oder

1) Zu den theologischen Weichenstellungen des Willow-Creek-Konzeptes siehe ausführlich: G.A. Pritchard, *Willow Creek – die Kirche der Zukunft?*. Bielefeld 1997.

nicht – auch deren theologisches Verständnis von Erlösung.[2]

Deshalb sollte *vor* der praktischen Anwendung jeglicher Modelle und Methoden nach deren biblischer Begründung und damit nach ihrer geistlichen Grundausrichtung gefragt werden. Sonst könnte es passieren, dass man über eine „harmlos" erscheinende Praxis Inhalte mit „an Bord" nimmt, die man sich freiwillig und bewusst niemals zu Eigen gemacht hätte.

Zunächst ist also festzuhalten: Wenn wir über den *Ruf zum Glauben in der Praxis* nachdenken, geht es nicht in erster Linie um Form- und Methodenfragen, sondern um den *Inhalt* der Verkündigung. Welche Grundüberzeugung kommt hier zur *Ausübung*? Welches theologische Konzept wird *angewendet*? Meine Praxis kann mich darum leicht entlarven, da sie weite Rückschlüsse auf meine geistlichen Fundamente zulässt. In der Praxis steht die „Bibeltreue" auf dem Prüfstand. Hier muss sich erweisen, ob es sich dabei nur um eine Parole, um ein Etikett handelt, oder um eine „angewandte Bibeltreue", die sich in den einzelnen Schritten des praktischen Vollzugs niederschlägt. Die primäre Frage der evangelistischen Praxis lautet: „*Was* sage ich?". Erst von da-

2) Eine Untersuchung der Alpha-Kurse bietet: S. Denker, *Der Alpha-Kurs.* In: Bibel und Gemeinde 3/2000, S. 185–198. Vgl. ausführlicher: C. Hand, *Falling Short? The Alpha Course examined.* Glasgow 1998.

her kommt dann auch die sekundäre Frage angemessen in den Blick: „*Wie* sage ich das, was ich sagen soll?"

1.2. Evangelisation – ein biblisches Grundwort

Der Vorrang des Inhalts gegenüber der Form wird gerade im biblischen Kernbegriff für *Evangelisieren* deutlich zum Ausdruck gebracht: *euangelizomai* (z.B. Gal. 1,8; Röm. 15,20; Apg. 14,7; 16,10). In 1Kor. 1,17 kann Paulus mit diesem markanten griechischen Wort seinen ganzen missionarischen Dienst zusammenfassen: „Christus hat mich gesandt, um zu evangelisieren." Evangelisieren (euangelizomai) bedeutet Ausbreitung des Evangeliums (euangelion). Der Inhalt des Evangelisierens, das Evangelium, ist also bereits im Tätigkeitswort enthalten. Manchmal fügt Paulus zur Verdeutlichung sogar das Hauptwort dem Tätigkeitswort noch hinzu: „Ich habe euch das Evangelium evangelisiert" (2Kor. 11,7).[3]

Diese frohe Botschaft ist inhaltlich präzise festgelegt, zum Beispiel in der programmatischen Formel,

---

3) Die gleiche Verbindung von *euangelion* und *euangelizomai* findet sich z.B. in Gal. 1,11 und 1Kor. 15,1. In der griechischen Alltagssprache bedeutete „Evangelium" die gute Nachricht über ein weltbewegendes Ereignis. In der griechischen Übersetzung des Alten Testaments (Septuaginta) ist der „Evangelisierende" Gottes Freudenbote: Er verkündet *Gottes* weltbewegendes Eingreifen zum Heil (Jes. 52,7; Röm. 10,15).

mit der Jesus in Mk. 1,14–15 seinen Dienst beschreibt.[4] Wir halten hier zunächst den Grundsatz fest: *Evangelisieren* bedeutet die Ausrichtung einer spezifischen Botschaft. Der Dienst der *Evangelisation* bezeichnet also nicht eine bestimmte Methode der Verkündigung, sondern einen bestimmten Inhalt. Der biblische Evangelisationsbegriff ist nicht formal bestimmt, sondern material.

Evangelisation geschieht also nicht automatisch und nicht ausschließlich dort, wo ein Reiseprediger eingeladen, ein Zelt aufgebaut, eine Stadthalle gemietet und der Zuhörer zu einer „Entscheidung für Jesus“ aufgerufen wird. Nicht überall, wo *evangelistisch* „draufsteht“, ist auch schon *evangelistisch* „drin“. Nicht der missionarische Rahmen entscheidet, nicht die missionarische Gesinnung macht es – nicht einmal die missionarische Liebe zu den Verlorenen garantiert, dass *Evangelisation* geschieht. Evangelisation geschieht aber unter allen (!) Umständen dort, wo das ganze Evangelium weitergegeben wird, wo wir das Netz des Evangeliums auswerfen. Der Inhalt macht's, eben das *Evangelium*! Wo Gottes Gesandte sich davon im Herzen packen und im Denken bestimmen lassen, werden sie *dann* auch dem Evangelium angemessene Formen finden, um mit hingebungsvoller Liebe und theologischer Präzision Sünder zur Umkehr aufzufordern.

---

4) Die inhaltliche Zusammensetzung des „Evangeliums“ werden wir unter Punkt 3. weiter ausführen.

1.3. Missverständnisse

Diese biblisch-inhaltliche (*materiale*) Füllung des Evangelisationsbegriffs ist auch in evangelikalen Kreisen nicht überall bekannt. Vielfach versteht man Evangelisation *formal* als eine bestimmte Veranstaltungsmethode. Der Inhalt des Evangeliums, so wird unterstellt, sei doch unter Christen wohl nicht umstritten. Und da es ja auf die Inhalte ankomme und Formfragen nicht entscheidend seien, solle doch bitte über Evangelisation nicht kontrovers diskutiert werden, schon gar nicht in der Öffentlichkeit. Die Meinungsunterschiede – etwa zu den evangelistischen Ansätzen von *Pro Christ*, *Alpha-Kurs* oder *Willow Creek* – beträfen nur Methodenfragen. Dabei ginge es nicht um Inhalte, sondern vor allem um Stil, Form, Geschmack und Strategie. Auf dieser Ebene aber müsse Vielfalt zugelassen und jede Auseinandersetzung vermieden werden, die das evangelistische Aktionsbündnis durcheinanderbringen könne.

Die Folge des Diskussionsverbots liegt auf der Hand: Wer das Anliegen der „Evangelisation" für sich in Anspruch nimmt, steht damit in einem vermeintlich unangreifbaren, nicht mehr zu hinterfragenden Schutzraum. Wer es dann dennoch wagt, gegen das Diskussionsverbot zu verstoßen, wer bestimmte evangelistische Konzepte aus inhaltlichen Gründen kritisiert und in Frage stellt, gerät schnell in die Ecke des „Nestbeschmutzers" oder

Evangelisationsgegners. Solcher Verstoß gegen die vermeintliche *evangelical correctness* wird nicht gern gesehen.

Das haben auch profilierte Evangelisten, wie z.B. Martyn Lloyd-Jones, erfahren müssen. Er galt als einer der einflussreichsten bibeltreuen Prediger in London. Als Billy Graham dort 1954 seine Großevangelisation durchführte, konnte Lloyd-Jones diese Aktion aus Gewissensgründen nicht mittragen. Er begründete dies u.a. mit Grahams ökumenischer Öffnungspolitik, die zu einer nachhaltigen theologischen Verwirrung unter den Evangelikalen führe. Obwohl Lloyd-Jones seine Anfragen gegenüber *Grahams Konzeption* in Ton und Vorgehensweise behutsam und besonnen vortrug, belegte man ihn mit dem absurden Vorwurf, ein gespaltenes Verhältnis zur *Evangelisation als solcher* zu haben: *„Das wurde von der Billy-Graham-Organisation über mich persönlich weltweit verbreitet. Ich habe Briefe aus verschiedenen Erdteilen erhalten, die mich fragten, ob diese Behauptung denn wahr sei. Ich habe solche Briefe u.a. aus Japan und Singapur bekommen..., aus Australien, Neuseeland und den USA. ‚Ist es wahr, dass Sie nicht an Evangelisation glauben?' Dies wurde deshalb behauptet, weil ich die Billy-Graham-Feldzüge und seine Organisation nicht unterstützt habe."*[5]

---

5) Vortrag aus dem Jahr 1969 über „Evangelisation und Calvinismus" (Übers. W.N.). Der Cassettenmitschnitt liegt dem Verfasser vor.

Dass man sich beim Nachdenken über Evangelisation weitgehend auf methodische und formale Gesichtspunkte konzentrierte, hat in unserem Land zu einer kaum bemerkten Aushöhlung der inhaltlichen Substanz geführt. Es besteht keine Klarheit oder Einigkeit mehr darüber, welches theologische Minimum erfüllt sein muss, um den Anspruch des Evangelisierens überhaupt erheben zu können. Ein Beispiel mag diese Tendenz illustrieren: Im *Leiter-Handbuch* zum Schulungsmaterial von *Pro Christ* wird die Vorgehensweise von *Mutter Theresa* als „zeitgenössisches Beispiel" für einen „dienenden Evangelisationsstil" genannt.[6] Dabei müsste bekannt sein, dass die so Gelobte sich explizit dagegen verwahrt hat, ein evangelistisches Anliegen zu verfolgen. Sie ist nicht nur nicht *ausdrücklich evangelistisch* tätig geworden, sondern sie ist ausdrücklich *nicht evangelistisch* orientiert gewesen. Mutter Theresa wollte ihren Schützlingen vielmehr dazu verhelfen, „ein besserer Hindu, ein besserer Muslim, ein besserer Katholik, ein besserer was immer sie sein mögen" zu werden. Ihr religiöser Rat lautete: „Du musst das annehmen, was Gott nach deinen Gedanken ist."[7] Dennoch wird sie in dem genannten

---

6) Mittelberg/Strobel/Hybels, *So wird ihr Christsein ansteckend.* Reihe „Pro Christ Seminare", Leiter-Handbuch, Asslar 1996, S. 41.

7) Zitiert in: Desmond Doig, *Mother Theresa: Her People and Her Work.* Harper 1976, S. 156. Dem *Time–Magazine* sagte sie auf die Frage, was sie vom Hinduismus halte: „Ich liebe alle Religionen." (Time, 12. Dezember

Leiter-Handbuch als Vorbild für einen „dienenden Evangelisationsstil" angeführt.

Dieses Beispiel, das für viele andere steht, zeigt nur die Spitze eines Eisberges. Die *Ent-Theologisierung* der Evangelisation, ihre Abkoppelung von gründlicher biblischer Lehre, ist weit vorangeschritten. Die Verwirrung über ihre Grundlagen und Maßstäbe hat sich im Volk Gottes wie ein Krebsgeschwür ausgebreitet. Hilfe ist einzig von dem Versuch einer biblischen Klärung zu erwarten. Wir danken Gott, dass diese Aufgabe auch von anderen Brüdern längst erkannt und in Angriff genommen worden ist.[8] Die eigentliche Herausforderung und Klärungsaufgabe für die praktische Evangelisation liegt also nicht in der *Methodenfrage*, sondern in der *Inhaltsfrage*. Zugespitzt formuliert: Wer treu evangelisieren will, muss nicht in erster Linie seine Kommunikationsfä-

---

1989, S. 12). Weitere Informationen zum „missionarischen" Verständnis von Mutter Theresa bietet: Dave Hunt, *Die okkulte Invasion*. Bielefeld 1999, S. 577–581. Umso mehr erstaunt die Bewertung Billy Grahams, der kurz nach Mutter Theresas Tod betonte: „Ich kannte sie seit etlichen Jahren. ... Als sie den Raum betrat und mich begrüßte, spürte ich, dass ich tatsächlich einer Heiligen begegnete... Sie war eine der demütigsten und lieblichsten Dienerinnen Gottes, die ich jemals kennengelernt habe... voller Hingabe an die Person Christi" (in: The Baptist Standard. 10. September 1997).

8) Z.B.: Walter Chantry, *Die Verkündigung des Evangeliums heute*. Friedberg 2000.

higkeit schulen, sondern seine Dogmatik überprüfen.

An dieser Stelle sollen nun einige Leitlinien für den *Ruf zum Glauben in der Praxis* festgehalten werden, an denen sich Evangelisation aufgrund des biblischen Befundes zu orientieren hat.[9] Wir fragen aus drei verschiedenen Perspektiven
– nach den *Voraussetzungen* des Rufes,
– nach der *Zusammensetzung* des Rufes,
– nach der *Umsetzung* des Rufes.

2. Die Voraussetzungen des Rufes zum Glauben

2.1. Das Anliegen des Rufes

Das Anliegen ist bereits im Motto meines Aufsatzes formuliert und damit theozentrisch (d.h. von Gott her) bestimmt: „Lasst euch versöhnen mit Gott" (2Kor. 5,20).[10] Es geht zunächst allein um die Klä-

---

9) Vieles kann in diesem Zusammenhang nur angedeutet und in Kürze dargestellt werden. Im Rahmen unserer Forschungsarbeit an der ART planen wir, mittelfristig eine ausführliche *Theologie der Evangelisation* darzustellen. Dafür konnte ich in meiner Dissertation einige Vorarbeiten leisten: *Die Souveränität Gottes und die Verantwortlichkeit des Menschen als homiletische Aufgabe – unter besonderer Berücksichtigung der Verkündigung von Martyn Lloyd-Jones.* Aachen 2001 (ISBN-Nr. 3-8265-8410-4).

10) Paulus skizziert in V. 20 den Verkündigungsdienst derer, die selbst mit Gott *versöhnt* (V. 18a) und darum mit

rung des persönlichen Verhältnisses zwischen dem heiligen Gott und einem sündigen Menschen. Der Sünder soll mit Gott versöhnt, ins Reine gebracht werden, was voraussetzt, dass der natürliche Mensch sich gegenüber seinem Schöpfer in einem unversöhnten, deutlicher: in einem feindschaftlichen Verhältnis befindet.

An diesem Punkt wird die erste große Weiche für die evangelistische Praxis gestellt. Martyn Lloyd-Jones hat das immer wieder mit Nachdruck betont: Es sei sicher richtig, dass uns das Evangelium auch von einzelnen, bestimmten Sünden befreie, aber darin bestehe nicht das primäre Anliegen der Evangelisation. Ihr gehe es – grundsätzlicher und umfassender – darum, verlorene Menschen in eine persönliche Verbindung mit Gott, in ein geheiltes Verhältnis zu ihrem Schöpfer zurückzubringen. Unter dem Zorn Gottes lebende *Geschöpfe* (Röm. 1,18 u.ö.; vgl. Joh. 3,36) sollen *Kinder* des lebendigen Gottes werden (Röm. 8,14–17; vgl. Joh. 1,12). Darin besteht das Hauptanliegen aller Evangelisation. Wo es nicht zu dieser Bereinigung des Gottesverhältnisses kommt, vergeht sich der Mensch an der Ehre Gottes und befindet sich selbst in der Gefahr der ewigen Verdammnis.[11] Darum zielt evange-

---

dem Amt der Versöhnungsbotschaft *beauftragt* worden sind (V. 18b).

11) Vgl. die programmatischen Aussagen von Martyn Lloyd-Jones, *The Gospel of God*. Edinburgh 1985, S. 362–365.

listische Predigt auf den Glauben an das Evangelium, weil dies der einzige Weg ist, auf dem der Sünder gerettet wird.

Leider räumt man dem biblisch vorgegebenen Anliegen in der evangelikalen Evangelisation nicht überall und selbstverständlich den ihm zustehenden Rang ein. Oft wird es in der praktischen Verkündigung – meist ohne dass der Prediger sich dessen bewusst ist – von einem konkurrierenden Anliegen unterlaufen. Dieses Konkurrenzanliegen orientiert sich weniger am Gottesverhältnis des Predigthörers, sondern wendet sich vor allem seiner persönlichen Befindlichkeit und bestimmten existentiellen Sorgen zu.

Fallbeispiel: Schulungsmaterial für evangelistische Gespräche

Dies sei nochmals an einem Abschnitt aus dem bereits zitierten Schulungsmaterial belegt. Dort sollen die Mitarbeiter an einem *Musterbeispiel* lernen, ihre persönliche Bekehrungsgeschichte so zu erzählen, dass dabei die entscheidenden Schritte des Christwerdens verständlich werden.[12] Auf die Frage, was den Christen dazu veranlasst habe, sich für den Glauben zu öffnen, heißt es im Musterbeispiel: *„Im College lud mich eine Mitbewohnerin in ihre*

12) *So wird Ihr Christsein ansteckend.* Teilnehmerbuch. Asslar 1996, S. 50–52.

Gemeinde ein. Der Prediger erklärte, dass die meisten Menschen versuchen, bei anderen Menschen oder Dingen Sicherheit zu finden. Aber, sagte er, nur Gott kann uns wirklich die Sicherheit geben, nach der wir suchen."

Im nächsten Schritt soll beantwortet werden, wie es dazu kam, „dass Sie schließlich Schritte zum Glauben an Jesus Christus getan haben": „*Ich hatte alles versucht: Freunde, gute Noten, Engagement bei schulischen Veranstaltungen. Aber schließlich wurde mir klar, dass der Prediger recht hatte. Nichts gab mir die Sicherheit, die ich brauchte – nur Gott konnte sie mir geben.*"

Anschließend wird das Gebet geschildert, in dem die Bekehrung zum Ausdruck kommen soll: „*Ich betete und bat Christus, mir all das zu vergeben, was ich falsch gemacht hatte. Dann bat ich ihn darum, in mein Leben zu kommen, mich zu führen und mir die Sicherheit zu geben, nach der ich suchte.*"

Auch die genannten Konsequenzen der Bekehrung („Wie veränderte sich Ihr Leben, nachdem sie Christus vertraut haben") orientieren sich am „roten Faden" dieses Bekehrungsberichts, an der Frage nach dem persönlichen Unsicherheitsgefühl: „*Ich fühlte mich nicht länger ängstlich und unsicher. Ich bekam mehr und mehr Vertrauen und inneren Frieden, weil ich spürte, dass Gott die Kontrolle hatte.*"

In diesem Beispiel wird das *evangelistische Anliegen* des Neuen Testaments zum *therapeutischen Anliegen* einer Evangelisationsstrategie umgeformt. Das eigentliche und vorrangige Ziel der Bekehrung ist dabei nicht mehr die Klärung und Bereinigung des persönlichen Gottesverhältnisses (theozentrischer Ansatz, d.h. von Gott ausgehend). Statt dessen rückt das Sicherheitsbedürfnis des Menschen in den Vordergrund (anthropozentrischer Ansatz, d.h. vom Menschen ausgehend): Mein Leben bekommt erst dann mehr Sicherheit, wenn ich mich zu Jesus bekehre. In diesem Raster ist die Hinwendung zu Gott nicht mehr das *eigentliche* Ziel der Bekehrung, nicht mehr *Selbstzweck*, sondern nur noch *Mittel zum Zweck*. Weil Gott der einzige ist, bei dem man wirkliche Sicherheit finden kann, sollte man sich an IHN wenden und das Gottesverhältnis klären.

Hinter solchem Vorgehen steht häufig ein positives Motiv: Man will den Hörer auf jeden Fall gewinnen und meint, dass er sich eher zur Bekehrung bewegen lässt, wenn ihm dafür ein allgemein einsichtiger, persönlicher Vorteil in Aussicht gestellt wird. Da für den Nichtchristen die Frage des Gottesverhältnisses vordergründig kein wichtiges Anliegen darstellt, lockt man ihn mit anderen Zielen, die auch der natürliche Mensch für erstrebenswert hält. Auf diesem „Umweg" soll er dazu gebracht werden, sich dem Evangelium zu öffnen. Deshalb wird Jesus als derjenige vorgestellt, der die existentiellen Fragen und Nöte des Menschen am besten beantworten und lösen kann. Das *primäre* Angebot solcher Verkündigung ist Lebenshilfe durch Gott. Da aber Gott solche Lebenshilfe nur demjenigen gewährt, der sich zu ihm bekehrt und sein Kind wird, ist es zur Erlangung des primären Angebots nötig, auch noch auf ein weiteres – *sekundäres* – Angebot positiv zu antworten: Sündenvergebung und Bereinigung des Gottesverhältnisses.

Die Logik des anthropozentrischen Ansatzes orientiert sich also zuerst am menschlichen Bedürfnis, z.B. nach Anerkennung, Orientierung, Sicherheit, Kraft zum Leben. Solche Grundbedürfnisse, verspricht die werbende Predigt, kann niemand besser befriedigen als der Schöpfer des Lebens. Darum ist es, schon aus menschlicher Perspektive, lohnend und sinnvoll, sich diesem Schöpfer zuzuwenden. Dabei geht es dann nicht ohne die Bekehrung.

Fassen wir zusammen: Mit diesem System wird die biblische Ordnung in ihr Gegenteil verkehrt. Das *primäre* Ziel des Evangeliums – *Versöhnung mit Gott* – wird im Rahmen der missionarischen Veranstaltung in den Dienst eines anderen Zieles gestellt: *Lebenshilfe von Gott.* Das eigentliche Anliegen der Evangelisation ist nur noch *Mittel zum Zweck.* Dagegen zeigt uns die Heilige Schrift die genau entgegengesetzte Reihenfolge: Die Klärung des Gottesverhältnisses hat allererste Priorität. Als Folgewirkung des Christwerdens ergeben sich dann auch

Veränderungen und Hilfen in anderen Bereichen der Lebenswirklichkeit.

Das Problem der Scheinbekehrungen

Die hier beschriebene Verschiebung des evangelistischen Anliegens ist dazu geeignet, Scheinbekehrungen zu provozieren. Wenn die Predigt dabei ansetzt, menschliche Bedürfnisse zu bedienen, kann es leicht passieren, dass der Hörer die „Bekehrung" zu Jesus „in Kauf nimmt", weil er sich davon die wirkungsvollste Befriedigung etwa seines Sicherheitsbedürfnisses oder seiner Suche nach erfülltem Leben verspricht. Wie soll angesichts solcher Interessenlage aber echte Umkehr zu Jesus und Beugung vor Jesus erfolgen? Letztere ist doch von einem ganz anderen Motiv bewegt, nämlich von der Einsicht, sich an Gott vergangen zu haben. Wer sich aber an Gott vergangen hat und seine daraus resultierende Verlorenheit erkennt, wonach wird der in erster Linie verlangen? Nach Anerkennung und Sicherheit – oder nicht vielmehr nach Vergebung, Erbarmen und Gottes gnädiger Zuwendung?! Wo die Verkündigung innerweltliche und geistliche, zeitliche und ewige Beweggründe miteinander vermischt, verwirrt sie die Motive des Hörers. So kann er leicht dazu verleitet werden, eine „Entscheidung für Jesus" *deshalb* zu treffen, weil er sich davon die beste und schnellste Lösung z.B. seiner seelischen oder familiären Probleme verspricht. Wo dies geschieht, kommt es – trotz des formal mitgesprochenen Übergabegebetes – nicht zu wirklicher Sündenerkenntnis und Hingabe an Jesus Christus, sondern zu einer typischen Scheinbekehrung. Die kann sich später, wie die seelsorgerliche Praxis zeigt, als schwerwiegendes Hindernis für eine echte Bekehrung erweisen.

Damit haben wir gezeigt, dass die Klärung des evangelistischen *Anliegens* eine unerlässliche Aufgabe jedes evangelistischen Dienstes darstellt. Hier handelt es sich keineswegs um theologische Selbstverständlichkeiten, an denen sich die gesamte evangelikale Verkündigungspraxis einmütig ausrichtet. Die theozentrische (von Gott ausgehende) Begründung des Umkehrrufes fordert vom Evangelisten eine bewusste Weichenstellung und Wachsamkeit gegenüber den Versuchungen publikumswirksamer Bedürfnisorientierung.

2.2. Der Adressat des Rufes

Eine weitere Voraussetzung, die jede evangelistische Praxis bedenken muss, ist das Verständnis des Adressaten. An *wen* wendet sich die Verkündigung? Wie ist es um den geistlichen Zustand des Unbekehrten bestellt? Was darf man ihm zumuten, was von ihm erwarten oder gar verlangen?

Wiederum kann die Antwort nur *theozentrisch* gefunden werden: Entscheidend für den Adressaten ist seine Stellung vor *Gott,* wie sie in der Heiligen Schrift präzise beschrieben wird. Nur auf diesem Wege, nur durch Gottes Deutung der menschlichen Situation bekommen wir einen realistischen Einblick in die wirkliche Lage unseres Adressaten.

Und Gottes Antwort ist ebenso eindeutig wie erschreckend: Der natürliche Mensch ist geistlich *tot.* Eph. 2,1 erinnert die Christen an den geistlichen Zustand, in dem sie vor ihrer Bekehrung gelebt hatten: „Auch ihr waret tot durch eure Übertretungen und Sünden." Paulus verwendet das Adjektiv „tot" zur Beschreibung einer persönlichen Beziehung, so wie Jesus in seinem Gleichnis über den Verlorenen Sohn, von dem der Vater ausruft: „Dieser mein Sohn war tot und ist wieder lebendig geworden – er war verloren und ist wiedergefunden worden" (Lk. 15,24). Obwohl der Sohn noch geatmet und gegessen hatte, war er tot gewesen, d.h. getrennt vom Vater. Genau das ist die Situation des natürlichen Menschen. Er mag bei oberflächlicher Betrachtungsweise sehr lebendig erscheinen – wie die Figuren im berühmten Londoner Wachsfigurenkabinett von *Madame Tussaud* – aber in Wirklichkeit ist kein Leben mehr in ihm. An der entscheidenden Stelle, im Hinblick auf seine Beziehung zu Gott, ist er tot. Was Gott als Folge der Sünde bereits in 1Mos. 2,17 angekündigt hat („du wirst des Todes sterben") gilt nun für jeden Menschen: Er ist bereits jetzt von Gott getrennt, also geistlich tot, was durch den körperlichen Tod bestätigt und vollendet wird.

Beide Aspekte (geistlich und körperlich) hat auch Paulus im Blick, wenn er in Röm. 6,23 den Tod als „Lohn der Sünde“ bezeichnet. Ein Ausleger beschrieb den Menschen ohne Gott als einen wandelnden Toten, der nur noch nicht wisse, dass er tot sei.

Im Verhältnis gegenüber Gott, das ja im Zentrum der evangelistischen Verhandlung steht, kann der Sünder darum von sich aus nichts mehr zur Verbesserung seiner Lage beitragen. Er ist nicht einmal „ansprechbar“ für Gottes Botschaft, sondern sie rinnt an ihm ab wie Regentropfen an einem Ölmantel. Der Apostel hat diesen Tatbestand in seiner Gegenüberstellung zwischen Christen und Nichtchristen so formuliert: „Der natürliche Mensch vernimmt nichts vom Geist Gottes; es ist ihm eine Torheit und er kann es nicht erkennen... Der geistliche Mensch aber beurteilt alles“ (1Kor. 2,14–15).

Der Zustand des geistlichen Todes gilt universal für jeden unbekehrten Menschen. Darum weiß der Evangelist, wenn er Gottes Diagnose folgt, von vornherein, wo das Hauptproblem seines Adressaten liegt. Darin unterscheidet er sich etwa vom Mediziner. Martyn Lloyd-Jones, selbst vor seiner Bekehrung erfolgreich als Mediziner tätig, hat diesen Vergleich angestellt: „*Das erste, was der Mediziner von seinem Patienten erfragt, sind dessen Beschwerden und Symptome. In gründlicher Detailarbeit wird so die Krankengeschichte ermittelt, und manchmal bis in die Kindheit zurück verfolgt. (...) Der Prediger dagegen muss die einzelnen persönlichen Fakten seiner Adressaten nicht ermitteln. Weil er weiß, dass alle Menschen, die vor ihm sitzen, an der selben Krankheit leiden – an der Sünde. Die Symptome dieser Krankheit mögen bei den Einzelnen von Fall zu Fall sehr unterschiedlich aussehen. Aber die Aufgabe des Predigers besteht nicht darin, sich vorwiegend mit Symptomen zu befassen. Er muss die eigentliche Krankheit behandeln. Darum sollte er nicht zu viel Aufmerksamkeit auf die verschiedenen Einzelsünden verschwenden, in denen die Sünde jeweils Gestalt gewinnt.*“[13] In diesem Sinne ist bei den Adressaten der evangelistischen Predigt die gleiche Ausgangssituation vorauszusetzen, eine Gleichheit der Verlorenen, eine Einheit der „Toten“.

Sünder und doch Geschöpf

Kein anderes Dokument der Welt bietet eine so schonungslose Beschreibung des menschlichen Zustands wie die Bibel. Sicher sagt sie auch noch anderes über den Menschen. Selbst nach dem Sündenfall ist und bleibt er Gottes Geschöpf, gilt ihm die Menschenwürde, von der z.B. Psalm 8 spricht. Auch der Sünder hat erstaunliche Begabungen und kann diese zum Guten seiner Mitmenschen

---

13) *Preaching and Preachers.* Grand Rapids 1972, S. 133f.,

einsetzen. Aber immer bleiben mindestens zwei grundlegende Einschränkungen, denen der Mensch nicht entkommen kann: 1. Alle seine Begabungen und Möglichkeiten sind gebrochen und an sich ambivalent (zweideutig). Der Wissenschaftler kann seine Möglichkeiten nutzen, um Giftgas zu produzieren; der Künstler kann seine Fähigkeiten zur Verbreitung einer gottlosen Weltanschauung einsetzen. 2. An der wichtigsten Stelle, an der sich das Leben des Menschen entscheidet – in der Stellung gegenüber seinem Schöpfer – da ist jeder Mensch tot. Dies gilt unabhängig von seinem sonstigen charakterlichen und moralischen Zustand, es betrifft den verantwortungsbewussten Wissenschaftler und die selbstlose Mutter in gleicher Weise wie den brutalen Mafiaboss und den skrupellosen Menschenhändler – tot bleibt tot.

Der biblische Befund lässt keinen anderen Schluss zu, auch wenn manche Theologen versucht haben, die scharfen Kanten dieser Aussage ein wenig abzuschleifen. Sicher, so sagte man, der Mensch sei schwerkrank, geschwächt, aber ein gewisser Lebensfunke stecke auch in religiöser Hinsicht immer noch in ihm. Und wenn man dem Menschen das Evangelium gut genug erkläre und ihn aufrichtig zu überzeugen versuche, dann hätte er die Möglichkeit, von sich aus den entscheidenden Schritt zu tun und sich für das Gute, bzw. für den Glauben an Jesus zu entscheiden. Die Bibel gibt zu solchem Optimismus freilich keinen Anlass. Als Lazarus im

Grab lag und der Verwesungsprozess bereits eingetreten war (Joh. 11), gab es keinen Anknüpfungspunkt, keinen Lebensfunken mehr, an den Jesus hätte appellieren können. Es bedurfte vielmehr des Machtwortes Jesu, des souveränen Eingreifens Gottes, um den Toten aus dem Grab herauszuholen und den Verwesungsprozess rückgängig zu machen.

Die biblische Diagnose des Menschen stellt die Evangelisation vor ihre schwierigste, ja unlösbare Aufgabe. Wie kann ein Sünder, der nach 1Kor. 2,14 im Unglauben und damit Nichtverstehen des Wortes gefangen ist, zur Umkehr befreit werden? Deutlicher: Wie kann ein Toter auferweckt werden? Um nichts weniger geht es bei der evangelistischen Herausforderung. Damit aber steht die evangelistische Verkündigung vor der hartnäckigen Frage nach ihrer Vollmacht. Woher gewinnt sie die Autorität, um die fundamentale Blockade, die den Sünder in seinem geistlichen Todeszustand gefangen hält, zu durchbrechen und zu überwinden? Somit kommt nach dem *Anliegen* (2.1.) und dem *Adressaten* (2.2.) nun die *Autorität* des Rufes in den Blick.

2.3. Die Autorität des Rufes

Da das evangelistische Kommunikationsproblem geistlich begründet ist, kann es nur geistlich überwunden werden. Dabei bedient sich der Heilige

Geist jenes Instrumentes, das er selbst inspiriert hat – des Wortes Gottes (2Tim. 3,16). Die Autorität des Rufes zum Glauben ist also im Wort Gottes selbst begründet. Die Kraft der Verkündigung erwächst einzig und allein aus der Botschaft, aus der Wahrheit, aus der Lehre, die uns Gott in der Heiligen Schrift offenbart. Diese Wahrheit haben wir treu und unverkürzt auszurichten. Sie allein kann rettenden Glauben bewirken. *Die Grundform der Evangelisation ist die Vermittlung biblischer Lehre.*

Nach Röm. 10,17 kommt der Glaube aus der Predigt (wörtlich: aus der „Botschaft“, also dem Inhalt der Verkündigung), diese aber durch das Wort Christi. Ebenso sagt Paulus in 2Tim. 3,15, dass Gottes Wort die Kraft hat, einen Menschen „zur Seligkeit zu unterweisen“. Hebr. 4,12 vergleicht die alles Menschenmögliche überschreitende Macht des Gotteswortes mit der Trennschärfe eines zweischneidigen Schwertes: „Das Wort Gottes ist lebendig und kräftig und schärfer als jedes zweischneidige Schwert und dringt durch, bis es scheidet Seele und Geist, auch Mark und Bein, und ist ein Richter der Gedanken und Sinne des Herzens.“ Nur Gottes Wort kann den Sünder von seiner wirklichen Lage überführen und die entscheidende Veränderung in seinem Denken und Wollen herbeiführen. Bereits das Alte Testament hat die folgenreiche Dynamik des Wortes Gottes mit eindrücklichen Bildern beschrieben (Jes. 55,10f.; Jer. 23,29).

Damit kommen wir zu einer grundlegenden Unterscheidung, die weithin übersehen oder in ihrer Bedeutung unterschätzt wird: Das Wort Gottes ist und tut (!) mehr, als dass es den Hörer nur über die Möglichkeit seiner Rettung informiert. Das Wort hat im Verkündigungsgeschehen nicht nur die Aufgabe der Information, sondern der Transformation (Veränderung). Das Evangelium *ist* Kraft Gottes (dynamis theou – Röm. 1,16), die Tote auferweckt, Sünder aus der Verdammnis rettet, gefallene Geschöpfe in die Stellung von Gotteskindern versetzt. Nochmals: Das Evangelium eröffnet dem Menschen nicht nur eine *Möglichkeit*, die er nun aus eigener Kraft zu realisieren hätte. Das Evangelium ist selbst die (einzige) Macht, das machtvolle Instrument, wodurch Gott „selig macht alle, die daran glauben" (Röm. 1,16). Die Vollmacht zur Totenauferweckung hat Gott sich und seinem Wort vorbehalten, darum gründet allein auf diesem Wort die Autorität und Durchschlagskraft der Evangelisation.

Anders ausgedrückt: Evangelisation, die ewigkeitsbeständige Rettung von Sündern bewirken will, ist angewiesen auf das souveräne Erlösungshandeln Gottes. Und Gott teilt uns in der Bibel unzweifelhaft mit, dass er dieses Erlösungshandeln durch das Instrument seines Wortes praktiziert. Die Reformatoren sprechen in diesem Sinne von der Durchschlagskraft, der Wirkmacht bzw. der Effektivität des Wortes. Darum ist Evangelisation auf die getreue Weitergabe dieses Wortes (d.h. der Botschaft, die uns in diesem Wort offenbart wird) angewiesen. Das hat, wie wir noch zeigen werden, weitreichende Konsequenzen für die evangelistische Vorgehensweise (siehe dazu Abschnitt 4).

Exkurs: Gottes Souveränität und des Menschen Verantwortung

Die Lehre von der Wirkkraft des Wortes beantwortet die Frage nach der evangelistischen Autorität. Damit wirft sie aber zugleich eine neue Frage auf : Welche Rolle spielt dann noch die Verantwortlichkeit des Sünders? Wenn Gott souverän erlöst, wie kann der Mensch dann noch glaubwürdig dazu aufgefordert werden, bewusst umzukehren, sich zu bekehren? Zugespitzt formuliert: Wie kann man einen Toten dazu aufrufen, sein Grab zu verlassen? Und woran liegt es, dass dasselbe wirkkräftige Wort bei verschiedenen Hörern zu ganz unterschiedlichen Ergebnissen führt: Der eine wird zum Glauben erweckt, der andere verhärtet sein Herz und wendet sich von Gottes Botschaft ab.[14]

Die Bibel löst unser spekulatives Problem nicht vollständig in Wohlgefallen auf, aber sie gibt uns eine eindeutige Anweisung, wie wir evangelistisch mit

---

14) In diesem Rahmen kann nur stichwortartig angedeutet werden, zu welcher Lösung uns der biblische Befund anleitet. Siehe die ausführliche Diskussion im exegetischen und systematischen Teil meiner Dissertation (vgl. Anmerkung 9).

dieser Situation umgehen sollen: Die Wirkkraft des Wortes und die Verantwortlichkeit des Menschen sind nicht gegeneinander auszuspielen, sondern aufeinander zu beziehen. Gott hat vorgesehen, dass sein Wort durch Boten den Menschen ausgerichtet wird (Röm. 10,14f.). Diese konfrontieren den Sünder mit Gottes Diagnose und der Aufforderung, sich retten zu lassen und umzukehren. Weil Gottes Evangelium schöpferische Kraft hat, kann es den davon angerufenen Sünder dazu bewegen, der im Evangelium ergehenden Aufforderung und Einladung zu folgen. Wo Gottes Wort den Toten, an den es sich wendet, zum Leben auferweckt, wird dieser zur Umkehr und zum Glauben sowohl aufgefordert als auch „ermächtigt". Gott fordert und gibt, was er fordert. Darum dankt der Bekehrte im Nachhinein dafür, dass Gott ihm den Glauben und die Rettung geschenkt habe.

Warum das nicht bei jedem Menschen in gleicher Weise geschieht, warum Hörer derselben Verkündigung nicht alle zu dem gleichen Ergebnis geführt werden, warum nicht alle Besucher einer Evangelisation zur Bekehrung finden – auf diese interessante Frage gibt uns die Heilige Schrift keine Antwort, die unsere intellektuelle Neugier befriedigen würde. Die Antwort liegt allein in Gottes souveränem Ratschluss begründet (vgl. Röm. 8,28–30; Eph. 1,4; Apg. 13,48 u.ö.) und bleibt damit unserem denkerischen Zugriff entzogen. Aber auch wenn die Bibel das denkerische Problem nicht so auflöst, dass es unserem begrenzten Verstand völlig einsichtig wäre, gibt sie doch eindeutige Leitlinien, wie wir mit diesem Befund umgehen sollen. Um es mit einem Bild auszudrücken: Auch wenn wir nicht alle Teile des Puzzles vollständig zusammenbekommen, gibt es doch große Ausschnitte des Bildes, die wir klar erkennen und verstehen können. Und an die sollen wir uns halten.

Dabei sehen wir:
1. Genauso eindeutig, wie die Bibel die Rettung eines Menschen auf Gottes souveränes Erwählungs- und Erlösungshandeln zurückführt, genauso eindeutig fordert sie den Menschen zur Bekehrung auf. Beide Pole dieser Spannung, die sich durch die gesamte Heilige Schrift hindurchzieht (vgl. Mt. 11,27–28; Gal. 4,9; Eph. 2,8f. u.ö.), sind festzuhalten und ganz ernstnehmen.

2. Während der Dank für unsere Rettung allein Gott gebührt, wird die Verdammnis des Verlorenen nicht auf einen vermeintlichen Verwerfungsratschluß Gottes zurückgeführt, sondern mit der Sünde des Sünders begründet. Wer am Unglauben festhält, darf dafür nicht Gott die Schuld geben. Er wird von Gott zur Rechenschaft gezogen und ist dafür voll verantwortlich (Joh. 3,18; Mt. 23,37). Wieder bleibt die Spannung unausgeglichen stehen: das Verdienst für die Rettung eines Menschen kommt allein Gott zu, während der Grund für die Verlorenheit auf

die Schuld des Betroffenen und seine Verflechtung in die Folgen des Sündenfalls zurückgeführt wird.

3. Die Heilige Schrift kennt nicht den Fall, wo ein aufrichtig um Vergebung und Erlösung bittender Sünder mit dem Hinweis abgewiesen wird, dass er nicht erwählt sei. Wer sich unter Gottes Urteil beugt und um Christi willen um Gnade bittet, wird erhört.

4. Durch diesen Befund werden Prediger und Adressat mit gleicher Dringlichkeit sowohl auf ihre völlige Abhängigkeit von Gott als auch auf eine real wahrzunehmende Verantwortung hingewiesen. Zu dem *Prediger* wird gesagt: Gott allein kann einen Menschen zur Bekehrung führen, aber Du sollst das Wort ausrichten, mit dem Gott dies zu tun verheißen hat. Dem *Hörer* gilt: Gott allein kann Dich aus dem geistlichen Todeszustand auferwecken, aber Du sollst umkehren und diese Rettung im Glauben an Jesus Christus ergreifen.

5. Eine Evangelisationspraxis, die diese theozentrischen (von Gott ausgehenden) Voraussetzungen anwendet, wird sich darum auf jenes spezielle Mittel konzentrieren und verlassen, welches Gott zum Zweck der Rettung von Sündern gegeben hat – nämlich auf das *Wort*, auf die Botschaft des Evangeliums.

6. Die Kirchengeschichte zeigt, dass ein Ernstnehmen des biblischen Spannungsbefundes (von Er-

wählung und Bekehrung) sich nicht als Hindernis für die Evangelisation auswirkt, sondern zur engagierten Wahrnehmung dieses Dienstes ermutigt (Beispiele dafür sind u.a. William Carey, George Whitefield, Charles H. Spurgeon, Martyn Lloyd-Jones). Wer weiß, dass Gott Menschen souverän retten wird, ist ermutigt, in seinem Auftrag zum Vollzug der Bekehrung aufzufordern. Spurgeon soll auf die Frage, wie er denn die biblischen Aussagen über Erwählung und Bekehrung miteinander versöhnen könne, geantwortet haben: „I never reconcile friends.“ (Freunde müssen nicht miteinander versöhnt werden.)

Fassen wir zusammen: Die biblischen Aussagen über *Anliegen* (2.1.), *Adressaten* (2.2.) und *Autorität* (2.3.) des Rufes bestätigen und erklären sich gegenseitig. Weil der Hörer durch sein Getrenntsein von Gott der Macht des Todes unterworfen ist, kann ihm nur mit einem Machtwort geholfen werden, dessen schöpferische Kraft den Tod überwindet und das Verhältnis zum Schöpfer heilt. Darum entscheidet sich der *Ruf zum Glauben in der Praxis* an der Treue zum Schöpfungswort des Evangeliums, an das Gott sich – und damit unsere Verkündigung – gebunden hat.

3. Die Zusammensetzung des Rufes zum Glauben

Nachdem die Voraussetzungen evangelistischer Verkündigung skizziert sind, ist nun zu klären, welche Inhalte (Wahrheiten, Lehraussagen) die Substanz des Umkehrrufes ausmachen. Dazu weisen wir auf drei exemplarische Texte hin, an denen beispielhaft die *Grundstruktur* der biblischen Rettungsbotschaft (Evangelium) deutlich wird. Es ist hier nicht der Raum zu einer gründlichen Auslegung dieser Stellen, die auch noch durch andere ergänzt werden können. Vielmehr soll stichwortartig gezeigt werden, wie die Bibel mit verschiedenen Begriffen das eine Evangelium beschreibt.

3.1. Ruf zum Glauben: 2Kor. 5,18–21

Das Evangelium enthält eine Botschaft über Gott und über den Menschen. Gott hat in Jesus Christus die Initiative zur Versöhnung mit seinen Geschöpfen ergriffen. Durch das Kommen des Sohnes, das auf Kreuz und Auferstehung zielt (vgl. Joh. 3,13–16; Gal. 4,4), überwindet der Schöpfer die Kluft zu den Geschöpfen, die durch die Sünde radikal von ihm getrennt und nach Gottes Bewertung zu seinen Feinden geworden sind. Seit dem Sündenfall steht der natürliche Mensch unter dem gerechten Zorn des heiligen Gottes und wird deshalb – wenn sich an diesem Zustand nichts ändert – für ewig dem

Verdammungsurteil Gottes ausgeliefert sein (Röm. 1,18; Joh. 3,36).

Mit dem Sühnetod am Kreuz nimmt Jesus unsere Schuld und die Strafe dafür stellvertretend auf sich. Er wird damit – obwohl sündlos – selbst zur Sünde (2Kor. 5,21; vgl. Gal. 3,13) und sühnt sie durch sein Opfer am Kreuz. So versöhnt Gott die seit dem Sündenfall von ihm getrennte und gegen ihn rebellierende Welt.

Dieses mit dem Kommen, Sterben und Auferstehen Jesu bewirkte ewige Heil hat Gott öffentlich kundgemacht (V. 19: „aufgerichtet das Wort von der Versöhnung"). Durch seine Botschafter, die diese gute Nachricht (Evangelium) im Auftrag Jesu ausbreiten („Botschafter an Christi Statt"), fordert Gott den Menschen dazu auf und lädt ihn dazu ein, sich versöhnen zu lassen (V. 20). Wer das durch Christus geschaffene Heil im Glauben ergreift, dem wird die Sünde nicht mehr angerechnet (V. 19), d.h. er wird von Gott für gerecht erklärt, gerecht gesprochen, gerechtfertigt (V. 21; vgl. Röm. 3).

Die Zuordnung von *Gottes* souveränem Erlösungshandeln und des *Menschen* Verantwortung ist wiederum eindeutig: Bei der Erlösung kommt „alles von Gott, der uns mit sich selber versöhnt hat" (V. 18). Aufgrund dieses in Christus vollbrachten Versöhnungswerkes fordert Gott dann aber den Sünder dazu auf (ja, bittet ihn sogar), sich versöhnen zu lassen – d.h. die durch den Sühnetod Jesu erwirkte Vergebung persönlich in Anspruch zu nehmen (V. 20). Das sola gratia (allein die Gnade) geht dem sola fide (allein der Glaube) voraus. Gottes Gnade *zielt* auf und *ermöglicht* den Glauben des Sünders.

3.2. Ruf zum Glauben: Mk. 1,15

Die gleiche Grundstruktur findet sich in Jesu programmatischer Zusammenfassung des Evangeliums zum Beginn seines öffentlichen Verkündigungsdienstes (Mk. 1,15). Im Kommen des Sohnes greift Gott ein zum Heil („das Reich Gottes ist nahe herbeigekommen"). Damit ist der Mensch aufgefordert, sich von seinem alten Leben ohne Gott abzukehren (Umkehr) und Jesus Christus zuzuwenden (Glaube). Solcher Glaube „an das Evangelium" beinhaltet sowohl die intellektuelle (sachliche) Zustimmung zu dessen *lehrmäßigem Inhalt* als auch das existentielle (persönliche) Vertrauen, welches der Mensch der *Person Jesu* entgegenbringt (vgl. Joh. 14,6). Diese Person bietet sich zugleich und untrennbar als Retter und Herr an, als Erlöser und König, der Sünde vergibt und in die Kreuzesnachfolge beruft (Mk. 8,34 ff.). Damit entscheidet sich das Heil des einzelnen Menschen an seiner persönlichen Stellung zu Jesus Christus. Er ist der „Menschensohn" (Titel für den endzeitlichen Richter, vgl. Dan. 7,13 und Mk. 14,62), der das letzte Urteil spricht. Derselbe Menschensohn, der sein Leben als „Lösegeld für die vielen" gegeben hat (Mk.

10,45), um sie aus der Sklaverei der Sünde freizukaufen, gibt sich damit als Retter und Richter zu erkennen. Indem Jesus sich als Menschensohn bekennt, erhebt er göttlichen Anspruch, was ihm den Vorwurf der Gotteslästerung einträgt (Mk. 14,64).

3.3. Ruf zum Glauben: Apg. 17,30–32

Jesus ist der „eine Mann, durch den Gott den Erdkreis richten will" (Apg. 17,31). Dadurch, dass Gott ihn „von den Toten auferweckt hat" (V. 31), bietet er jedem Menschen den Glauben an. Zum Ergreifen des *Glaubens* gehört die *Umkehr* vom Leben des Unglaubens. Indem Gott den Glauben *an*bietet (V. 31), „*ge*bietet er den Menschen, dass alle an allen Enden Buße tun" (V. 30). Damit bestätigt Apg. 17 die Grundstruktur, die uns schon in 2Kor. 5,18ff. und Mk. 1,15 begegnet: Gottes Handeln in Christus (Versöhnung durch das Kreuz, Kommen des Reiches Gottes, Auferweckung von den Toten) ist die Grundlage, von der aus der Sünder zur Abkehr von der Sünde (Apg. 17,30: metanoia/Umkehr) und Hinkehr zu Christus (Apg. 17,31: pistis/Glaube) aufgefordert wird.

3.4. Gesetz und Evangelium

Die Reformatoren beschrieben die Grundstruktur der evangelistischen Botschaft mit der Spannung von Gesetz und Evangelium. Das Evangelium im umfassenden Sinne setzt sich zusammen aus dem

Gesetz und dem „Evangelium“ im engeren Sinne. Vereinfacht ausgedrückt: Während Gott uns im Gesetz auf *das* Problem unseres Lebens stößt, schenkt er uns im Evangelium *die* Lösung.

Wie kommt der Mensch zur Einsicht in seine bedrohliche Situation? Durch welches Diagnoseverfahren erkennt er seine wahre Lage vor Gott? Diesen Dienst leistet ihm ein bestimmter Aspekt von Gottes Wort, nämlich das *Gesetz*: „Durch das Gesetz kommt es zur Erkenntnis der Sünde“ (Röm. 3,20). Das Gesetz hat im evangelistischen Zusammenhang die Aufgabe, den Menschen von seinem Sündersein zu überführen. Es konfrontiert ihn mit dem unbestechlichen Anspruch der Gebote Gottes und zeigt ihm damit – wie in einem Spiegel – sein wahres (Sünder-) Gesicht. Das Gesetz wird so zum Röntgenschirm, unter dem der Mensch seinen inneren geistlichen Zustand (sein Herz) erkennt. Im Licht des Gesetzes sieht der Sünder den unüberbrückbaren Abgrund zwischen der Forderung des heiligen Gottes und seiner eigenen Situation. So wird er durch das Gesetz überführt und als Sünder verurteilt.

Nur eine Verkündigung, in der die Sündhaftigkeit des Adressaten eindeutig zur Sprache kommt, kann sein Gottesverhältnis sachgerecht ins Blickfeld rükken. Denn dieses ist von der Sünde bestimmt. Darum ist das Gesetz dem Evangelium (im engeren Sinne) sachlich vorgeordnet. Es muss die „Vorarbeit“ leisten, damit der Mensch die Notwendigkeit zur Umkehr überhaupt erkennen kann. So wird das Gesetz zum Pädagogen, wie Paulus schreibt, zum „Zuchtmeister“ (griech.: paidagogos), der uns nachweist, wie dringend wir auf Jesus und sein Heilswerk angewiesen sind (Gal. 3,24).

Der Diagnose des Gesetzes entspricht deshalb die *Therapie* des Evangeliums. Der vom Gesetz aufgeworfenen Frage – „Wie kann ich von meiner Schuld befreit werden?“ – begegnet das Evangelium als *Antwort.* Dem von der Bedrohung des Gesetzes aufgeschreckten Gewissen gewährt das Evangelium göttlichen *Trost.* Wer seine Verurteilung durch das Gesetz anerkennt und sich unter dieses Gottesurteil beugt, hört im Evangelium den *Freispruch.* In Jesus Christus, der das Todesurteil des Gesetzes stellvertretend auf sich genommen und die (von uns) verdiente Strafe erlitten hat, schenkt uns Gott die *Erlösung* aus dem tödlichen Klammergriff von Sünde, Tod und Teufel. Wer an das Evangelium glaubt (Mk. 1,15), wer den auferstandenen Jesus Christus im Glauben ergreift, wird Gottes Kind (Joh. 1,12).

3.5. Die Definition der evangelistischen Botschaft

Aus den genannten biblischen Belegen, die durch viele weitere ergänzt werden könnten, ergibt sich folgende Kurzdefinition: Das Evangelium ist eine

Botschaft, die den gekreuzigten und auferstandenen Jesus Christus als Retter, Herrn und endzeitlichen Richter präsentiert und in die Aufforderung zu Buße, Glaube und Nachfolge mündet.

Die Verkündigung dieses Evangeliums hat deshalb folgende Elemente zu vermitteln, die hier in *logischer* Abfolge dargestellt werden.[15]

1. Der sachliche Ausgangspunkt des Evangeliums ist die Heiligkeit des persönlichen Gottes. Er ist der Schöpfer, vor dem jeder Mensch sich zu verantworten hat. Die maßgebliche Wirklichkeit des Menschen ist seine Stellung vor Gott. Damit ist die evangelistische Botschaft theozentrisch (von Gott ausgehend) begründet.

2. Im Urteil Gottes wird der Mensch als Feind Gottes bewertet, der nicht nur einzelne Sünden *tut*, sondern wesenhaft Sünder *ist*. Aus dem Sündersein folgt das Sündetun (nicht umgekehrt). Aufgrund dieser radikalen Verlorenheit (geistlicher Tod) kann der Mensch sich selbst nicht retten und sein Verhältnis

---

15) Das bedeutet nicht, dass die einzelnen Elemente im Rahmen der evangelistischen Verkündigung immer in dieser *chronologischen* Reihenfolge darzustellen sind. Man kann in didaktischer Hinsicht z.B. auch bei Punkt 4. ansetzen und von dort aus die Argumentation beginnen. Bei obiger Abfolge geht es lediglich um die *logische* Zuordnung der einzelnen Aspekte, die theozentrisch bestimmt ist.

zum lebendigen Gott nicht verbessern, geschweige denn grundsätzlich bereinigen. Er bleibt unter Gottes Zorn.

3. Im Kommen Jesu Christi hat Gott zum Heil eingegriffen und damit den Weg zur Rettung eröffnet (Gal. 4,4; Mk. 1,15). Durch sein Wort ruft Gott den Sünder zur UMKEHR: Er fordert ihn dazu auf, dieses Gottesurteil über sein Leben anzuerkennen, seine Schuld zu bereuen und Gottes Vergebung um Christi willen zu erbitten.

4. Darum lädt Gott den Sünder mit der Aufforderung zur Umkehr zugleich zum GLAUBEN an seinen Sohn Jesus Christus ein, der die Strafe für die Sünde stellvertretend getragen hat. Jesus ist der gekreuzigte *Retter*, der auferstandene *HERR*, der wiederkommende *Richter* (Menschensohn gemäß Dan. 7,13). Wer ihn als *Gottes Sohn* anbetet (vgl. Röm. 10,9; Joh. 20,28), als Erlöser anruft und als HERRN anerkennt, wird von Gott als Kind angenommen und von der Sünde freigesprochen (gerechtfertigt).

5. An der Stellung zu Jesus Christus entscheidet sich das ewige Schicksal jedes einzelnen Menschen. Dabei gibt es nur die Alternative des doppelten Ausgangs: entweder ewiges Heil (Himmel) oder ewige Verdammnis (Hölle).

3.6. Fallbeispiel: Evangelisation 2000 – „Gott macht Dich groß“

Auch in evangelikalen Kreisen kann diese Substanz der evangelistischen Botschaft nicht immer vorausgesetzt werden. Obwohl die meisten biblischen Begriffe in der Regel vorkommen (Sünde, Rettung, Bekehrung, Gericht u.a.), entspricht doch ihre inhaltliche Erklärung nicht immer dem, was die Bibel damit meint. Nur scheinen viele Christen diese Diskrepanz nicht zu bemerken.

Der Mensch: Opfer oder Täter?

Ein Beispiel solcher Verkürzung ist die Ansprache „Grenzenlose Traurigkeit – Kann man sie besiegen?“, die im Rahmen der Pro-Christ-Evangelisation 2000 in Bremen zu hören war.[16] Darin wird die Situation des Menschen zunächst nicht unter theologischen, sondern unter psychologischen Gesichtspunkten dargestellt. Viele Menschen seien in ihrem Selbstwertgefühl verletzt und kleingemacht

---

16) Es handelt sich um die Veranstaltung vom 23. März 2000. Die Audio-Cassette ist erhältlich beim ERF-Verlag, Wetzlar. Wir beziehen uns auf dieses Beispiel, weil viele Christen in Deutschland die Predigt gehört haben. Öffentliche Predigt (in diesem Fall reichte die Öffentlichkeit durch die Satellitenübertragung weit über Deutschland hinaus) stellt sich damit öffentlicher Kritik. Der Respekt gegenüber der *Person* des Predigers wird davon nicht angetastet.

worden. Schuld daran sei nicht zuletzt die falsche Erziehung durch ihre Eltern. Der Mensch kommt in dieser Sichtweise primär als *Opfer*, nicht als *Täter* in den Blick. Gottes Absicht sei es nun, den in seinem Selbstvertrauen gebrochenen und ängstlichen Menschen „groß“ zu machen, „stark“ zu machen, sein „Selbstwertgefühl“ zu stabilisieren und die „Kostbarkeit des Menschen“ zu verdeutlichen.[17]

Entsprechend wird das Geschöpfsein des Menschen dargestellt, ohne die Auswirkungen des Sündenfalls hinreichend zu berücksichtigen. Ps. 139 („Ich danke dir, dass ich wunderbar gemacht bin“) erscheint ohne den Hinweis auf 1Mose 3. Die Abgründigkeit der Sünde und des Sünderseins kommt nicht in den Blick. Darum erscheint das Kreuz Christi nur unvollständig als JA-Wort von Gottes Liebe: *„Das Kreuz ist das Ja-Wort von Gottes Liebe, am Kreuz sagt Gott: ‚Ja, Du bist mir wichtig‘. Gott trägt Ihre Schuld weg.“* Es wird nicht deutlich, dass im Kreuz auch Gottes NEIN über die Sünde zum Ausdruck kommt – und darin sein Gerichtsurteil über den unerlösten Sünder. Auch was „Schuld“ bedeutet (nämlich Feindschaft gegen Gott!), wird hier nicht geklärt. Sündenvergebung erscheint in erster Linie

---

17) Dazu bedient sich der Evangelist zuspitzender Formulierungen, wie z.B.: „Gott traut Ihnen etwas zu. Er glaubt an Sie. Er will Sie stark machen und groß machen“. – „Du bist wer...“ – „Gottes Vaterliebe am Kreuz lässt unser Leben aufblühen und zeigt mir: So groß bin ich, dass Gott sich so klein macht.“

wie die Beseitigung eines Ballasts, der den Menschen daran hindert, sein Leben zu entfalten: *„Gott trägt die Schuld weg, damit Du schöpferisch leben kannst in der Gemeinschaft mit Deinem Schöpfer."* Bis dahin ist noch kein Wort von Buße oder Sündenbekenntnis gefallen. Es ist nicht einmal angedeutet, dass der Mensch ohne Christus noch unter dem Zorn Gottes steht. Der Hörer kann sich nur als in seiner Entfaltung behindertes Geschöpf erkennen, nicht aber als Täter. Er soll offenbar nicht beschämt werden – das würde ihn ja wieder „klein machen" und dem psychologischen Ziel der Selbstwertstärkung widersprechen. Also kommt es auch nicht zum Erschrecken über die eigene Lage gegenüber dem heiligen Gott. Der Sünder wird aufgefordert, Gottes „Geschenk anzunehmen", ohne dass er darüber informiert wäre, wie es überhaupt um sein persönliches Verhältnis zu Gott steht.

Der amerikanische Theologe *John Piper* hat eine Verharmlosung der Kreuzespredigt als Verfälschung der biblischen Perspektive beklagt. In seinem Buch *Der Vorrang Gottes in der Predigt* betont er: *„Es bedurfte des unendlich teuren Todes des Sohnes Gottes, um die Entehrung wieder gut zu machen, mit der mein Stolz die Ehre Gottes beschmutzt hat. Darum handelt es sich um eine furchtbare Verfälschung des Kreuzes, wenn zeitgenössische Propheten des Selbstwertgefühls behaupten: Das Kreuz ist vor allem ein Zeuge für meinen unendlichen Wert, weil Gott bereit war, einen so hohen Preis zu bezahlen, um mich in sein Reich zu be-*

kommen. Die biblische Perspektive dagegen besagt: Das Kreuz ist ein Zeuge für den unendlichen Wert der Ehre Gottes und ferner ein Zeuge dafür, wie riesengroß die Sünde meines Stolzes ist. Es sollte uns schockieren, dass wir Gottes Ehre so sehr mit Füßen getreten haben, dass nicht weniger als der Tod seines Sohnes nötig war, um diese Ehre zu verteidigen. So ist das Kreuz ein Zeuge für den unendlich großen Wert Gottes und für das unendlich große Ausmaß meiner Sünde.“[18]

Gottes Gericht – eine Wohltat?

Was wird nun in der untersuchten Evangelisationspredigt über das Gericht Gottes gesagt? Es kommt vor in dieser Predigt, dient aber ebenfalls der Stärkung des menschlichen Selbstwertgefühls. Wie ist das möglich? Das Gericht wird mit dem Stichwort eingeführt: *„Ich übe den aufrechten Gang.“* Weil Gott den Menschen richte, werde dieser unabhängig vom Urteil anderer Menschen. Das mache ihn stark. Außerdem zeige Gottes Gericht, dass er den Menschen als verantwortlich Handelnden ernst nehme: *„Welche Wohltat. Das ist die Rettung der Menschenwürde in einer Gesellschaft, wo keiner mehr Verantwortung übernimmt.“* Das ist eine Teilwahrheit – aber es ist noch nicht das Wichtigste, was ein Sünder über Gottes Gericht wissen muss.

---

18) *The Supremacy of God in Preaching.* Grand Rapids 2000, S. 32.

Dieses Wichtigste aber bleibt ungesagt. Der Evangelist spricht nicht davon, was mit jenem Menschen geschieht, der die Umkehr zu Christus versäumt. Er redet (zumindest in dieser Predigt) nicht vom doppelten Ausgang der Geschichte. So erscheint das Gericht primär als Chance, nicht als Gefahr: *„Wenn Sie das Gericht Gottes ausblenden, bleibt Ihnen nur das gnadenlose Gericht der Gesellschaft, wo nur Leistung zählt."*

Das aber ist nun eindeutig falsch und irreführend. Wer das Gericht Gottes ausblendet, dem bleibt nicht nur das Gericht der Gesellschaft, sondern (viel dramatischer!) der bleibt unter dem Zorn Gottes (Joh. 3,36) – und ihm bleibt am Ende das Verdammungsurteil auf ewig. Die Bibel sagt nicht, dass Gottes Gericht „etwas unerhört Befreiendes" wäre, was uns „den aufrechten Gang" lehre. Sie sagt genau das Gegenteil: Gottes Gerichtsurteil beugt uns, zwingt uns vor Gott in die Knie – und lässt uns beschämt um Erbarmung bitten. Nur auf diesem Weg gibt es Freiheit. Was Paulus im Römerbrief entfaltet, wird aber bei obiger Darstellung des Gerichts nicht nur verschwiegen – sondern in sein Gegenteil verkehrt.

Erst kurz vor Ende der Predigt kommt der Mensch dann doch noch als Täter in den Blick. Allerdings bleibt die Darstellung seiner Sünde fast ausschließlich auf den zwischenmenschlichen Bereich beschränkt (Schuld gegenüber Mitarbeitern im Betrieb, gegenüber den eigenen Kindern u.a.). Dass solche Einzelsünden nur Symptome des grundsätzlichen Sünderseins – und damit der Feindschaft gegen Gott – sind, wird nicht deutlich.

Wir fragen: Wie soll ein Mensch Buße tun, sich als Verlorener erkennen, als Täter, der sich an Gott vergangen hat – wenn ihm die Predigt diese entscheidende Wahrheit vorenthält?

Wie stark ist Gott?

Ein letzter Hinweis: Die verkürzende Darstellung der Situation des Menschen geht einher mit einer verkürzenden Darstellung der Person Gottes. Hier liegt der Grundschaden solcher Verkündigung! Während man den Menschen groß redet, wird Gott kleingeredet: *„Gott hat sich offenbart ... er ist ein kleines Kind geworden. Es ist nicht der Gott, der so übergroß ist, dass er uns erdrückt.* (...) *Da liegt Gott* [*in der Krippe*]. *So schwach bleibt er.* (...) *Er ist nicht erdrükkend.“* Das ist nur die eine Seite der Wahrheit. Verschweigt man die andere, bleibt eine amputierte Gotteslehre, in der die Heiligkeit, Unnahbarkeit und für den Sünder durchaus geltende Bedrohlichkeit Gottes ausgeblendet werden. Der Prediger scheint nicht zu bemerken, wie seine therapeutische Absicht die biblische Vorgabe an den Rand drängt. Er will den (vermeintlich durch unterdrückende Erziehung Geschädigten) für den Glauben gewinnen. Die ganze biblische Wahrheit über Gott scheint dabei eher zu schaden als zu nützen. Wo aber Gottes Zorn über die Sünde nicht benannt wird, müssen der Ernst und die Kraft des Kreuzes Jesu verharmlost werden. Es ist dann zwar noch ein Abladeplatz für menschlichen Schutt[19] – aber nicht mehr der Ort, an dem Gottes Sohn unser Verdammungsurteil auf sich nahm und Versöhnung mit dem heiligen Gott erwirkte.

Martyn Lloyd-Jones hat es als ein Wesensmerkmal biblischer Verkündigung bezeichnet, dass sie *Gott* groß und den *Menschen* klein mache. In der untersuchten Ansprache ist das Gegenteil geschehen. Dahinter steht – dies sei unbestritten – vermutlich die gute Absicht, dem gottfernen Menschen so weit wie möglich entgegenzukommen, um ihm die „Entscheidung für Jesus" so leicht wie möglich zu machen. Wirklich frei machen, zur Gotteskindschaft befreien, kann aber nur die Wahrheit (Joh. 8,32). Nur das biblische Evangelium hat die Kraft, Sünder zu retten (siehe 2.3.). Und dieses biblische Evangelium wurde in der untersuchten Predigt nicht verkündet.

---

19) „Ich lade Sie ein, unter dieses Kreuz zu treten, und da können Sie alles mit hinnehmen, was kaputt gemacht worden ist, alles, was Sie klein gemacht hat, können Sie mit unter dieses Kreuz nehmen. (...) Alles, was mich kaputt gemacht hat, kann ich dahin bringen, aber auch alles, was ich getan habe."

3.7. Das missionarische Gespräch mit dem Reichen Jüngling

Wie anders ist Jesus selbst vorgegangen. Kein anderer hat die Sünder so geliebt wie er. Deshalb (nicht: trotzdem) hat er ihnen die ganze Wahrheit über Gott und über ihr eigenes Leben zugemutet. Ein leuchtendes Beispiel für die Anwendung des Gesetzes als Teil der evangelistischen Verkündigung finden wir in dem missionarischen Gespräch, das Jesus mit dem sogenannten *Reichen Jüngling* führt (Mk. 10,17–27).[20] Einige kurze Hinweise müssen hier genügen.

Jesu erste Reaktion auf die höfliche Frage des Mannes wirkt wie eine Zurechtweisung: „Warum nennst du mich gut – niemand ist gut als allein Gott" (18). Der Fragesteller hält Jesus offensichtlich nur für einen besonderen *Menschen*. Wenn es so wäre, dann wäre auch Jesus nicht wirklich gut. Denn dies gilt allein für *Gott*. Damit weist Jesus zu Beginn auf die Basis der evangelistischen Botschaft hin: Der junge Mann muss begreifen, vor wem er sein Leben zu verantworten hat. Darum konfrontiert Jesus ihn mit folgender Wahrheit:

---

20) Dies hat Walter Chantry überzeugend dargestellt. Seine Auslegung von Mk. 10,17ff., mit der er die evangelistische Vorgehensweise Jesu aufzeigt, ist nach zahlreichen englisch-sprachigen Auflagen nun auch wieder in deutscher Übersetzung erhältlich (siehe Anmerkung 8).

1. *Erkenne die Heiligkeit Gottes!* Die entscheidende Wahrheit über das Leben dieses Suchers besteht nicht darin, dass er ein unerfülltes Leben und eine ungewisse Zukunft vor sich hat – sondern dass er ein Geschöpf Gottes ist und in dessen Urteil lebt. Diesen Gott muss er kennenlernen (Röm. 10,14!), dem hat die Verkündigung zu dienen. Darum darf sie sich nicht darauf beschränken, einseitig von der Liebe Gottes zu sprechen, die jeden Menschen aus seinen Problemen herausholen wolle. Für den unbekehrten Menschen gilt zunächst, dass er unter dem Zorn seines Schöpfers lebt. Jesu Kernsatz, dass allein Gott gut sei, enthält (indirekt) zugleich eine Grundwahrheit über den Menschen: Er ist, gemessen an Gottes Maßstab, nicht gut, sondern böse – eben Sünder.

2. *Erkenne deine Schuld!* Der Mann legt die Gebote Gottes zunächst sehr großzügig aus und behauptet, ihnen vollkommen gerecht geworden zu sein (V. 19–20). Angesichts solcher Naivität (oder Überheblichkeit?) erstaunt erst recht der Hinweis, dass Jesus den Gesprächspartner lieb gewann (V. 21). Von dieser Liebe bewegt, entlarvt Jesus die Selbsttäuschung des Sünders, indem er mit einer einzigen Forderung aufweist, was oder wer in dessen Herzen regiert (V. 21).

3. *Kehre um!* Jesus deckt diese Schuld nicht nur auf, sondern verlangt von dem Mann, sich von seinem bisherigen Lebenskonzept abzukehren, in dem

der heilige Gott nur eine untergeordnete, nicht aber die maßgebliche Bedeutung hatte.

4. *Vertraue dein Leben der Führung Jesu an!* Jesus beansprucht ganzes Vertrauen und bereitwillige Hingabe: Folge mir nach!

5. *Bedenke die ewige Konsequenz!* (*Der Schatz im Himmel!)* Der Mann hatte eingangs nach dem ewigen Leben gefragt und erfährt nun, dass einzig auf dem von Jesus geschilderten Weg sein Leben eine ewigkeitsbeständige Perspektive bekommt.

3.8. Kein einfaches Evangelium! Kein anderes Evangelium!

Die *Zusammensetzung des Rufes* zeigt, dass es sich dabei nicht um „a simple gospel", nicht um ein sogenanntes einfaches Evangelium handelt, das mit einigen Kurzformeln im Schnellverfahren transportiert werden könnte. Das Evangelium enthält mehr als die Aufforderung „Komm zu Jesus" oder „Entscheide dich für den Glauben". Es klärt gründlich darüber auf, zu *welchem* Jesus umgekehrt werden soll und *worin* rettender Glaube besteht. Darum ist die Grundform der Evangelisation *Lehre*. In seiner bekannten Arbeit über den evangelistischen Dienst der Apostel schreibt Michael Green: „Es war eine differenzierte Botschaft, die gedacht werden musste, bevor man nach ihr leben konnte, die verstanden werden musste, bevor man sie anwenden konnte."[21]

Damit ist nicht einer Intellektualisierung das Wort geredet. Das Evangelium ist eine *komplexe* Botschaft – aber keine *komplizierte* Sonderlehre. Darum setzt ihr Verständnis keine besonderen intellektuellen Fähigkeiten voraus, sondern das Wirken des Heiligen Geistes, der Gottes Wort dem Menschen erschließt, so dass er es verstehen, bejahen und im Glauben ergreifen kann. Diesen Zusammenhang hat Paulus in 1Kor. 1,18 – 2,16 ausführlich behandelt.

Unsere Aufgabe besteht darin, die von Gott offenbarte Wahrheit elementar und klar darzulegen und präzise zu erläutern. Wir sollen so *einfach* wie möglich reden, aber nicht *vereinfachend* oder verkürzend. Deshalb tun wir gut daran, Gottes Evangelium nicht eigenmächtig zu verändern, und sei es aus gut gemeinten didaktischen Gründen. Gegenüber solchen Versuchen hat Spurgeon ironisch bemerkt: „Weil sie meinten, dass durch Gottes Evangelium nicht genügend Menschen gerettet werden könnten, haben sie ein leicht verändertes Evangelium an dessen Stelle gesetzt, in der Hoffnung, dass dadurch mehr Menschen gerettet werden könnten." Wer aber wagt, Menschen mit dem wahren Evange-

---

21) *Evangelisation zur Zeit der ersten Christen.* Stuttgart 1970.

lium anzusprechen, macht die Erfahrung, dass es hier keine Bildungsschranke gibt. Gottes Evangelium ist für alle gedacht und für alle gegeben.

4. Die Umsetzung des Rufes

Die Schlüsselfrage lautet: *Wovon* erwarten wir die entscheidende Wirkung der Evangelisation? *Worauf* setzen wir, *womit* operieren wir? Die Heilige Schrift lehrt: Nur Gottes Wahrheit besitzt die Kraft, Sünder zu retten.

Welchen Schatz die hier gezeigten biblischen Grundlagen für unsere alltägliche evangelistische Arbeit enthalten, ist einmal in einer eigenen Darstellung ausführlicher zu belegen. Dabei sollten dann auch lehrreiche Beispiele aus der jüngeren und älteren Kirchengeschichte ausgewertet werden (z.B. die konzeptionelle Diskussion zwischen Martyn Lloyd-Jones und Billy Graham oder zwischen Asahel Nettleton und Charles Finney).[22] Wir wollen uns hier zum Abschluss auf zwei grundlegende Forderungen beschränken, die sich wie selbstverständlich aus dem Gesagten ergeben. Eine angemessene

---

22) Vgl. dazu bereits die kurze, aber hilfreiche Schrift von Karsten Ernst, *Wie sollen wir das Evangelium verkündigen? Ein kirchengeschichtlicher Abriss von der Reformation bis heute.* Missionsverlag Bielefeld 1997. Eine Fundgrube bietet die ausführliche Untersuchung von I.H. Murray, *Revival and Revivalism. The Making and Marring of American Evangelicalism 1750–1858.* Edinburgh 1994.

Umsetzung des Rufes zum Glauben, welche die gezeigten *Voraussetzungen* (siehe Kapitel 2) und die *Zusammensetzung* des Evangeliums (siehe Kapitel 3) ernstnimmt, erfordert einerseits *Vorfahrt für biblische Lehre* und andererseits *Vorsicht gegenüber zusätzlichen methodischen Beeinflussungsversuchen.*

4.1. Vorfahrt für die biblische Lehre!

Wenn es wahr ist, dass der Sünder allein durch die Macht des Wortes Gottes, d.h. durch die Kraft der biblischen Wahrheit zum Glauben geführt werden kann, dann hängt alles davon ab, dass diese Wahrheit unverkürzt zur Sprache kommt. An diesem Grundsatz hat sich die praktische Gestaltung evangelistischer Predigten bzw. Veranstaltungen auszurichten. Es gilt, die biblische Lehre über Gott und den Menschen – wie oben gezeigt – in den Mittelpunkt zu rücken. Das Hauptthema des Evangeliums muss auch den Schwerpunkt der Evangelisation bilden.

Typische Existenzfragen

Andere Existenzfragen – z.B. nach dem Sinn des Leides, nach der Bewältigung von Ängsten und Ehekrisen u.v.a. – dürfen sich nicht verselbstständigen und zum eigentlichen Anliegen der Evangelisation werden. Sie mögen von Fall zu Fall als Anknüpfung oder zur Illustration dienen. An ihnen kann auch gezeigt werden, dass die Umkehr zu Christus konkrete Veränderungen in der alltäglichen Lebenswirklichkeit nach sich zieht. Aber wenn etwa das Thema „Wie kann ich mich selbst bejahen und die Demütigungen aus meiner Kindheit überwinden“ 70% der „evangelistischen“ Ansprache besetzt, erscheint das, was dann möglicherweise noch vom wirklichen Evangelium gesagt wird, als Mittel zum Zweck der Lebensbewältigung (vgl. 2.1.). Gott hat aber in seinem Wort nicht gesagt, dass Menschen dadurch gerettet werden, dass sie in Christus den besten Therapeuten für ihre Lebensprobleme sehen. Das *Evangelium* gibt ein anderes Thema vor! Die *Evangelisation* hat dem zu folgen.

Persönliche Lebensberichte

Auch persönliche Lebensberichte („Zeugnisse“), wie einzelne Christen von Gott zur Bekehrung geführt worden sind, können die Substanz der biblischen Lehre nicht gleichwertig ersetzen, sondern im günstigen Falle illustrieren. Darum sollte darauf geachtet werden, dass sie keinen zu hohen Stellenwert erhalten und vor allem in ihrer inhaltlichen Ausrichtung mit der Botschaft des Evangeliums übereinstimmen. Wenn in einem Lebenszeugnis die Botschaft transportiert wird, dass ein Geschäftsmann sich an Jesus hält, weil er gemerkt hat, dass sein Leben durch ihn angstfreier geworden ist und außerdem sein Betrieb seitdem viel erfolgreicher arbeitet, dient dies nicht der Veranschaulichung des

Evangeliums, sondern eher der Verwirrung der Zuhörer im Hinblick auf die Substanz des Evangeliums.

Kooperation

Wenn die biblische Lehre Vorfahrt hat, kann in der Evangelisation nur mit jenen zusammengearbeitet werden, die im Verständnis dieser Lehre grundlegend übereinstimmen. Eine Kooperation z.B. mit Vertretern der römisch-katholischen Kirche ist dann ausgeschlossen, weil diese nachweislich ein anderes Verständnis von Sünde, Glauben und Rechtfertigung hat, als es die Bibel vorgibt.[23] Missionsbefehl und Lehrbefehl bilden nach Mt. 28,18–20 eine unauflösbare Einheit!

Schulung

Schließlich wirkt sich *Vorfahrt für Lehre* auf das Konzept der Mitarbeiterschulung aus. Die Zurüstung und Weiterbildung von Laien darf sich nicht auf pragmatische Themen konzentrieren oder gar beschränken (Wie führe ich ein Gespräch? Wie bekomme ich als Zeuge eine „positive Ausstrahlung"?). Im Mittelpunkt steht die biblisch-inhaltliche Unterweisung über die Substanz und Begründung

---

23) Vgl. z.B. James McCarthy, *Das Evangelium nach Rom. Eine Gegenüberstellung der katholischen Lehre und der Heiligen Schrift.* Bielefeld [CLV-Verlag] 1996.

des Evangeliums – und wie diese *Inhalte* elementar und fundiert vermittelt werden können. Auch in der Schulung der Mitarbeiter muss damit ernstgemacht werden, dass Evangelisation durch den *Gehalt* – und nicht zuerst durch die *Gestalt* – ihrer Verkündigung bestimmt wird.

Fragen der Kommunikation und des zwischenmenschlichen Verhaltens werden damit nicht ignoriert oder für unwichtig erklärt. Sie sind aber den inhaltlichen Fragen unter- und zuzuordnen. Das entscheidende Instrument der Evangelisation ist nicht der „ansteckende Christ", sondern das wirkmächtige Wort Gottes.[24] Man hüte sich jedoch vor falschen Alternativen: Auch der auf das Wort vertrauende Evangelist ist verpflichtet, sich um formale und kommunikative Qualität zu bemühen – dies alles hat jedoch der Ausrichtung des biblisch-dogmatischen Inhalts zu dienen.

Ein beeindruckendes Beispiel für hohe formale und gestalterische Qualität, die jedoch ausdrücklich als sekundär verstanden und der Lehrsubstanz untergeordnet wird, ist der Verkündigungsdienst des amerikanischen Pastors John MacArthur (Los An-

---

24) Hier liegt ein theologisches Grundproblem des *Willow-Creek*-Konzeptes, wie es bei Bill Hybels programmatisch formuliert wird: *Bekehre nicht – lebe! So wird Ihr Christsein ansteckend.* Asslar 1995. Siehe die Kritik bei G.A. Pritchard, *Willow Creek – die Kirche der Zukunft?.* Bielefeld 1997.

geles). In seiner *Grace Community Church* versammeln sich sonntags etwa 10.000 Menschen (in drei Gottesdiensten), um lange Auslegungspredigten zu hören, in denen sich MacArthur systematisch durch ganze biblische Bücher „hindurchpredigt“. Gefragt nach der Bedeutung einer guten „Verpakkung“ für die beste Botschaft, sagte er: *„Man muss ein guter Redner sein, Klarheit ist gefragt. Aber nicht ‚Schmuck‘ errettet Menschen, sondern die Wahrheit. Niemand wurde bisher wegen des Stils wiedergeboren, aufgrund der Verpackung. Gottes Geist benutzt die Wahrheit ... und schafft* [*dadurch*] *Glauben. Hier ist ein grundsätzlicher Unterschied in unserer Theologie* [*gegenüber den Ansätzen von Willow-Creek und Saddleback*]. *Mein Ansatz ist: Wir bringen die Wahrheit, Gott gebraucht die Wahrheit und errettet die Leute. Der Ansatz von Suchergottesdiensten* [*seeker-services*] *ist: Die Wahrheit allein kann nicht erretten ...“.*[25]

4.2. Vorsicht gegenüber zusätzlichen Beeinflussungsversuchen!

In den berühmten Invokavit-Predigten von 1522 hat Martin Luther hervorgehoben, dass der Prediger mit dem Wort nicht weiter komme als bis in das *Ohr* seines Hörers. Er kann nicht selbst und nicht auf direktem Wege dessen *Herz* erreichen oder gar

25) Interview mit der Zeitschrift *Dennoch* 1/2000. S. 39.

verändern. Solche Wirkung bleibt Gott vorbehalten, wo und wann es ihm gefällt.

Eine theozentrisch gegründete, auf die Wirkmacht von Gottes Wahrheit vertrauende Evangelisation, wird sich davor zurückhalten, über das Wort hinausgehende Mechanismen oder Methoden einzusetzen, um damit *direkten Druck* auf den Willen des Hörers auszuüben. Im Evangelium selbst wird der Wille bereits ausreichend angesprochen – als Aufforderung zu Umkehr und Glaube. Dies hat die evangelistische Verkündigung unverkürzt auszurichten und ihren Adressaten zur willentlichen Bekehrung aufzufordern. Dann muss der Verkündiger seinen Hörer in den Händen Gottes belassen und darf nicht versuchen, über das Ohr hinaus in ihn zu dringen.[26]

Wird diese Grenze jedoch überschritten und zusätzlich methodischer Druck auf den Menschen ausgeübt, liegt die Gefahr der psychologischen Manipulation nahe. Erliegt der Hörer dieser Manipulation, kann es durchaus geschehen, dass er die vom Evangelisten geforderte äußere Reaktion erkennen lässt und sich daraufhin selbst für einen Christen hält. Dann ist sein äußerer Akt – obwohl gutwillig getan – nicht äußeres Zeugnis einer inneren (gott-

---

26) Was Alfred Gibbs über Chancen und Gefahren der Kinderevangelisation sagt, gilt im Grundsatz genauso für die Verkündigung gegenüber Erwachsenen (*Wagnis Kinderevangelisation.* Bielefeld [Betanien-Verlag] 2000).

gewirkten) Bekehrung, sondern Nachgeben gegenüber dem seelischen Druck einer Methode. So kommt es zur Scheinbekehrung. Diese führt zunächst zur Selbsttäuschung und später dann zur Enttäuschung des Betroffenen. Martyn Lloyd-Jones hat in diesem Zusammenhang auf das Problem der Konditionierung hingewiesen. Er kritisiert die *Überbewertung* etwa musikalischer Elemente im Rahmen evangelistischer Veranstaltungen. Dabei gehe es nicht um Geschmacksfragen, vielmehr sei zu prüfen, wo die Grenze zu seelisch-psychologischer Beeinflussung (im Sinne von Konditionierung) überschritten werde: *„Wir können Menschen oberflächlich verändern ... aber wir können niemals geistlich Tote zum Leben erwecken. Das vermag allein Gott.“*[27] Auch der Aufruf zum Nach-Vorn-Kommen könne diese konditionierende Wirkung haben, wenn der Hörer durch die Atmosphäre einer Großveranstaltung (begleitender Gesang des Chores u.a.) emotional bewegt werde, ohne im Herzen von seiner Sünde und seinem Angewiesensein auf Christus überführt worden zu sein.

Die hohe Zahl der Menschen, die trotz äußerlich demonstrierter „Entscheidung“ sich nachträglich als nicht wirklich bekehrt erweisen, bestätigt die Realität der Manipulationsgefahr. Wird dann der äußere Akt der „Entscheidung“ sogar noch als wichtiger Be-

---

27) *God's Way of Reconciliation.* Grand Rapids 1972, S. 11.

standteil der Bekehrung selbst gewertet[28], ist die notwendige Unterscheidung zwischen dem *äußeren Ohr* und dem *inneren Herzen* endgültig über den Haufen geworfen. Damit aber dringt der evangelisieren wollende Mensch in einen Bereich ein, der Gott vorbehalten ist.

Entsprechend fordert Lloyd-Jones, auf die Anwendung bewusster Techniken und Methoden zu verzichten, mit denen zusätzlich zur Wahrheit des Evangeliums eine psychologische Beeinflussung des Hörers erzielt werden könne: *„Wir haben die Wahrheit zu präsentieren und darauf zu vertrauen, dass der Heilige Geist sie* [*im Sinne einer Herzensveränderung*] *anwendet."*[29]

Auch an diesem Punkt gibt uns Jesu Gespräch mit dem *Reichen Jüngling* das maßgebliche Vorbild: Nachdem der junge Mann sich gegenüber der persönlich zugespitzten und angewendeten Wahrheit gesperrt hat, unternimmt Jesus keinen zusätzlichen methodischen Versuch, um seinen Hörer mit anderen Mitteln umzustimmen. Er lässt ihn ziehen (Mk. 10,22f.) – und damit in den Händen Gottes. Ebenso

---

28) Nach dem Motto: „Was *nur* im Herzen geschieht, kann sich schnell verflüchtigen. Deshalb bleibt die Bekehrung ohne Nach-Vorn-Vorkommen unvollständig."

29) *Knowing the Times*, Edinburgh 1989, S. 88: „We are to present the truth, trusting to the Holy Spirit to apply it." –Vgl. ausführlicher zu dieser Frage den dritten Teil meiner Dissertation (dort vor allem Abschnitt 2.4.2.).

keusch hat der Bote des Evangeliums sich zusätzlicher Beeinflussungsversuche zu enthalten. Er soll die Wahrheit – durchaus engagiert und mit klarem Überzeugungswillen – ausrichten und das Entscheidende dann Gott überlassen. In dieser Hinsicht ist der Verkündiger dem Dienstmädchen im Hause des Syrers Naäman (2Kön. 5,1–3) ähnlich. Sie gab ihrem Herrn den entscheidenden Hinweis, wo und durch wen er geheilt werden könne. Das war genug.

Ergebnis

Unsere Darstellung hat gezeigt, dass der Ruf zum Glauben in der *Praxis* eine Besinnung auf seine biblisch-theologische *Grundlegung* erfordert, die dieser Praxis vorausliegt. Hier ist nichts mehr selbstverständlich. Es geht also in erster Linie nicht um Fragen von Methode, Form oder Stil. Was umkämpft – und bisweilen verzerrt, verkürzt und verlorengegangen – ist, ist der Inhalt des Evangeliums selbst. Die Gemeinde Jesu braucht keine neuen Methoden der Evangelisation oder Gesprächsführung, sondern ein evangelistisches Gesamtkonzept, das sich von den *Voraussetzungen* an (2.) über die *Zusammensetzung* (3.) bis hin zur *Umsetzung* (4.) des Rufes zum Glauben unter die biblischen Vorgaben beugt. Damit wird uns eine offensive und hoffnungsvolle Perspektive eröffnet. Nichts ist stärker als Gottes Wort und Wahrheit selbst. Und dieses

„Instrument“ hat der HERR uns anvertraut – zum fröhlichen und fleißigen Gebrauch im Dienst der Evangelisation.

Die Akademie für Reformatorische Theologie

- steht für die in diesem Buch vorgetragene Sicht von Evangelisation, Predigt und Gemeindebau
- bietet ein volles Theologiestudium an in sechs, acht oder zehn Semestern
- belohnt die Arbeit im Studium mit einer Ausbildung, die ein Leben lang hält
- hat kompetente und erfahrene Lehrkräfte
- ist überschaubar und bietet eine optimale Förderung und Betreuung
- kostet wenig und bringt viel

Sie ist reformatorisch:

- *sola scriptura:* Sie bekennt die Autorität der Heiligen Schrift und begründet ihre Theologie mit der Schrift und baut nicht auf andere Fundamente
- *solus Christus:* Sie stellt die Person und das Werk Christi in den Mittelpunkt und verwahrt sich gegen menschliche Heilsvorstellungen
- *sola fide:* Sie ruft zum lebendigen Glauben an das Evangelium von Christus und hat im Glauben allein das volle Heil
- *sola gratia:* Sie rühmt die Gnade Gottes und lehnt es ab, mit gutgemeinten menschlichen Werken bei Gott etwas erreichen zu wollen.

Weitere Informationen:

BEKENNENDE KIRCHE

Die an diesem Buch beteiligten Autoren veröffentlichen regelmäßig Artikel in der Zeitschrift *Bekennende Kirche.*

Die *Bekennende Kirche* setzt sich ein für den Aufbau rechtlich eigenständiger biblisch-reformatorischer Gemeinden.

Die *Bekennende Kirche* erscheint viermal im Jahr. Sie wird kostenfrei, auf Spendenbasis, versandt.

Bitte richten Sie Ihre Bestellung an:

Per email:
Bestellung@reformatio.de

Oder an:
Verein für Reformatorische Publizistik
Friedrichstr. 7
D - 35713 Eschenburg

Bitte beachten Sie die Homepage:
www.reformatio.de

Weitere Bücher im Verlag für Reformatorische Erneuerung:

Dr. Lothar Gassmann (Hrsg.):
Kirche 2000.
Gemeinsame Erklärung – Ablass – 95 und 96 Thesen
64 Seiten, ISBN-Nr. 3-87857-297-2

„Die Zeit für eine neue Reformation ist da!", schreibt der Herausgeber und begründet dies durch eine Fülle von Belegen und Thesen.

Dr. Heinrich Jochums (Hrsg.):
Die Bibel ist Gottes Wort.
Orientierung für die Gemeinde.
Eingeleitet und neu herausgegeben von Dr. Lothar Gassmann
136 Seiten, ISBN-Nr. 3-87857-304-9

„Die Bibel ist Gottes Wort." – Dieses Bekenntnis gilt gegenüber jeder Art von Bibelkritik, ob in radikaler oder „gemäßigter" Form. Da die „gemäßigte" Bibelkritik sich immer stärker im pietistisch-evangelikalen Bereich ausbreitet, besitzt dieses Buch höchste Aktualität. Es enthält grundlegende Beiträge zur Bibelfrage seit der Reformationszeit bis heute, u.a. die „Chicago-Erklärung zur biblischen Irrtumslosigkeit".

Dr. Lothar Gassmann:

Globalisierung und Antichrist.
Gemeinde Jesu im 3. Jahrtausend

64 Seiten, ISBN-Nr. 3-87857-302-2

Ist die Globalisierung, die Entstehung der „einen Welt“, die Wegbereitung für das Reich des Antichristen? Der Autor meint „Ja“ und untermauert diese Behauptung durch eine Fülle von aufrüttelnden Beobachtungen und erschütternden Belegen. Für Christen ist höchste Wachsamkeit geboten!

Prof. Dr. Reinhard Franzke /
Dr. Lothar Gassmann /
Dr. Samuel Leuenberger

Ökumene der Religionen
und Absolutheit Jesu Christi

Gibt es ein gemeinsames Weltethos?

104 Seiten, ISBN-Nr. 3-87857-305-7

Verehren alle Religionen denselben Gott? Sind sie untereinander gleichwertig, tolerant und können miteinander zusammengehen? Oder finden sich unüberbrückbare Unterschiede? Wie verhält sich die Ökumene zum Anspruch Jesu Christi, „der Weg, die Wahrheit und das Leben“ zu sein? Ein Thema von besonderer Aktualität und Brisanz!

Endlich eine Antwort auf Küngs „Projekt Weltethos“ und das „Parlament der Weltreligionen“!

Dr. Lothar Gassmann:

Esoterik als Lebenshilfe?

Die Wahrheit über Astrologie, Spiritismus, Magie und Zauberei

Mit einem Beitrag von Prof. Dr. Reinhard Franzke über ***„Harry Potter“***

96 Seiten, ISBN-Nr. 3-87857-306-5

Esoterik ist die Lehre vom Geheimen. Viele Menschen versprechen sich von Magie, Zauberei, Horoskopen und einer Vielzahl spiritistischer Praktiken Lebenshilfe, Wissen und Macht. Dieses Buch enthüllt, was sich in Wahrheit hinter diesen Dingen verbirgt. Eine dringend notwendige Aufklärung und ein Wegweiser in die Freiheit für alle Gebundenen!